D1795553

イギリス日常英会話
Total Book

British English Daily ConversationTotal Book

カール・R・トゥーヒグ
Karl R. Twohig

［CD2枚付き］

ベレ出版

　皆さんはネイティブスピーカーが教科書通りでない非標準英語を話し始めると、突然話の内容が理解できなくなるという経験はありませんか？これはネイティブスピーカーが自分のいる状況に応じて、頻繁にそして自然にその英語スタイルを切り替えているからです。日常のイギリス英語というのは、たいていが非標準英語で、多くのスラングやイディオム、フレーズが核となっています。

　本書を書くにあたり、私はまず（アメリカ英語や世界にあるその他の英語ではなく）純イギリス英語であるための要素を見つけるために、英語の分析を深め、そしてそれらを最も面白い形で皆さんにお届けする方法を考えました。単語やフレーズのリストを作り、それを皆さんに暗記してもらうという形は（言葉を習得する上でよい方法ではないと思うので）避けました。今回の方法が上手くゆき、皆さんが本書を楽しみ、役立ててくだされば幸いです。

　本書は皆さんの目的にかなったものであるために、純粋なイギリス英語で書かれています。

　Part Ⅰはイギリス英語・文化を習得するのに欠かせない、挨拶の仕方、イエス・ノーの言い方、驚きや丁寧さの表現方法、"Oh"の重要性、提案、許可の得方など、イギリス英語の基礎を紹介します。

　Part Ⅱでは Part Ⅰとはまったく異なる切り口で、イギリス日常会話について紹介します。およそ社会に属する人であれば、タブーや法、善悪の基準があり、誰でも見栄をはったり、噂話をしたり、嘘をついたりします。愛、憎しみ、疑念、嫉妬、怒り、悲しみ、幸せなどは、どの国の、どの社会の人々も持っている、人間性に関わる表現で、世界的に共通していることです。もしあなたが、怒りを感じていてそれを表現したいのであれば、"ANGER"のセクションを見てください。イギリスで使われる多くの実用的表現を紹介してあります。可能な限り多くの状況を想定し、時、量、質、動物、ビジネスなど一般的な事に関しても同様に書いてあります。

　このセクションの目的はイギリスで日常的に使われている表現をイギリス文化と共に幅広く紹介することにあります。

Part Ⅲは英語学習者の皆さんが苦手としていて、かつ重要なものを4つの分野、定形句（例：in any case）、強意語（例：it was dead good）、動詞句（例：what are you driving at?）、常套句（例：at the best of times）に分けました。そしてこれらの中でイギリス英語として頻繁に使われる単語やフレーズをご紹介します。これらが難しいと言われているのは、はっきりとした規則性がなく暗記するしかないからでしょう。しかし、イギリス人のように喋りたいのであれば、これらは必要不可欠です。イギリスの文化の一部と言ってもいいこれらの表現は、日常会話を豊かで自然なものにします。

　Part Ⅰ，Ⅱ & Ⅲは皆さんがイギリス人のように喋れるようになる、大変役立つ表現ばかりを紹介していますが、更に多くの表現が存在し、新しい語、フレーズがこの瞬間も生まれています。言語を学習する時は、言葉は生きているということを忘れないでください。

　本書の最後のセクション Part Ⅳでは、イギリス社会の雑多な事柄、サッカー、罵り言葉、セックス、エスチュリー・イングリッシュ、スコットランド・イングリッシュ、聖書などについてより深く紹介します。

　本書では、イギリス英語とイギリスの社会について、いろいろな切り口から見ていきます。上段構えの専門的なものではなく、楽しく、カジュアルな本です。そして、私の前著『イギリス英語 Total Book』のよき姉妹書となると思います。両書を読むことによって、イギリス英語と今日の英語についてのより深い理解が得られると思います。

Karl R Tuohig

CONTENTS

はじめに

基本事項
The Basics

様々な状況におけるイギリスの日常英語表現
Daily British English for Every Situation

Section 3 人と社会に関する日常英語

Section 4　感情とその他の行動

Section 5　ビジネスの世界

Part 3　イギリス英語の基本要素と実用フレーズ
Useful Phrases

Part 4 半端物
More Bits and Bobs

Part1
基本事項

THE BASICS

この項では、挨拶や形式的な表現、イエス・ノーの言い方など、イギリス英語の基本事項をお話しします。その他にも、知っておくべきイギリスの日常的な表現を紹介します。ここで皆さんは、イギリス英語が直接的でなく、率直な言い方を避ける言語だと気づかれるでしょう。

　以下の例は、イギリスで私たちが実際に使っている英語です。アメリカ英語とは同じ言語であるという事で、共通しているところも少なくありませんが、その違いは歴然です。

⊙ DISC 1　TRACK 1

Greetings：挨拶

　たいていどの文化においても、たとえ笑顔を交わすだけであっても、挨拶はとても大切なことです。イギリスでも地域や状況によって、その言い方が異なり、"**Hello**" 一つとっても様々な言い方があります。

hello（やぁ）以下同義語　　　　　　　　　　　　　　　　　⊙CD
hi　　　　　　　　　　　　　　**watcha**
hiyah　　　　　　　　　　　　**ay up**
oroit (=all right)　　　　　　　**eh**
now then
howdy　※もともとはアメリカ英語ですが今はイギリス人も使います
mornin' (=morning) / afternoon / evening ※時間帯によって使い分けます

　クリスマスシーズンには "**The compliments of the season to you.**" や "**Merry/Happy Christmas.**" と言います。

天気

　イギリス人はそのパッとしない天気について、よく口にします。挨拶や会話始め、あるいは話のネタに困った時など、何かにつけて天気の話題を持ち出します。

A bit nippy for July. （7月にしては涼しいですね）

Nice day. （いい日ですね）

Lovely morning. （気持ちのいい朝ですね）

It's really cold today, don't you think? （今日は本当に寒いですよね）

Nice and warm this morning. （暖かく晴れた朝ですね）

　"**How are you?**" は相手の状況について尋ねるフレーズです。しかし、相手の健康状態を詳しく尋ねているわけではありません。

How are you? （元気？）以下同義語　

How's tricks?

How's it hanging?　※ペニスをほのめかしている〈男性間で使用〉

How goes it?

What's the game?

What's cooking?

How've you been?

How (are) you doing?

久しぶりに会う相手の近況を聞く時は、次のような表現を使います。

What've you been up to? （どうしてましたか？）

Haven't seen you for a while. / Long time no see.

（お久しぶりですね）

Where have you been? （どこへ行っていたの？）

Good to see you again. （また会えてうれしいよ）

親しい間柄であれば、"**How's your mum?**"（お母さんはどう？）や "**How's Bill keeping these days?**"（ビルは最近どうしてる？）など、もう少し具体的な挨拶を交わすこともあります。

"**How are you?**" などの形式的な質問には簡潔に答えましょう。相手は決して長い返事を期待していません。もちろん親しい間柄では長くなることもありますが、あなたの近況について 30 分も説明する必要はありません。

How are you? に対する返事   🆑

I'm all right. / OK / Not bad.（まあまあです）

On the mend.（よくなったよ）

Keeping fit. / Alive and kicking. / Fine, thanks.（元気です）

Very well. / I'm doing nicely, thank you.（調子いいよ）

I'll live.（何とかやってます）

What have you been up to? / What have you been doing? に対する返事

Not up to much.（特に何もないね）

This and that.（あれやこれやね）

Nothing to speak of.（話すことは何もないなぁ）

もちろん、このあとに相手の調子はどうか聞いてあげましょう。

最後に話を終えてその場を去る時の挨拶です。

Good bye（さようなら）以下同義語	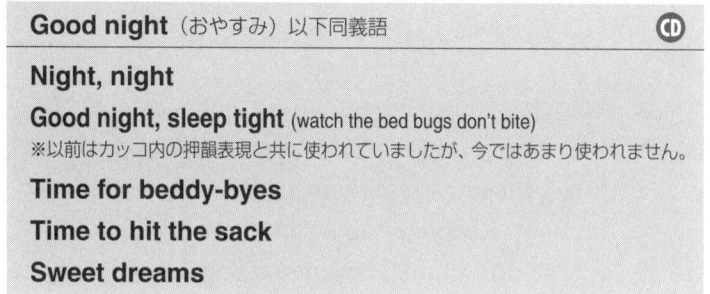
see ya (=you)	tara
cheerio	all the best
ta-ta	must run/must dash
by for now	cheers
so long	I'll be seeing you
until next time	

　話を切り上げ、その場を去るタイミングとは難しいものです。あなたが立ち去りたいと思っても、相手はまだ話したいかもしれません。その様な時は、"**Anyway,...**"と切り出し、"**...must rush.**"などと言って切り抜けましょう。

　就寝の挨拶もいろいろあります。

Good night（おやすみ）以下同義語	
Night, night	
Good night, sleep tight (watch the bed bugs don't bite)	
※以前はカッコ内の押韻表現と共に使われていましたが、今ではあまり使われません。	
Time for beddy-byes	
Time to hit the sack	
Sweet dreams	

● Terms of address（愛称）

　イギリス人は"**mate**"や"**luv**"などの愛称をよく使います。これらの愛称は文字通りの意味はなく、カジュアルな雰囲気をつくるための心遣いなのです。

> **mate** / **pal** / old chap / (me old) **mucker** / chum （男同士）
> pet / **duck** / **luv**(=love) / dear （男性同士以外）
> poppet / **darling** / sweetie / **honey** (pie) （カップル）
> **guv**(=governor) / boss （上司に対して）

　これらの愛称は誰に対しても使えるというわけではないので、最初は親しい友人間だけで使った方が無難でしょう。一歩間違うとけんか腰の態度と取られかねません。

> **社交辞令**
> 　イギリス人はよく "**You must pop round sometime.**"（今度是非遊びに来てください）という表現を使います。これを真に受けて、いきなり遊びに行ったりすると、お互い気まずい思いをすることになります。遊びに行くのは、正式に招待されてからにしましょう。

　それでは、対話形式でイギリス人のよくある挨拶のパターンを見てみましょう。

CD

> A : Wothcha.
> B : Now then, mate. What've you been up to? Haven't seen you in ages.
> A : Not a lot. Keeping busy, you know.
> B : How's your mum? I heard she had a nasty fall.
> A : She's up and about. She'll live.
> B : Good. Right then, must dash. Got to take these to the cleaners before they shut.
> A : You'll have to come round to ours one of these days.
> B : Love to, cheers. Anyway, bye for now.
> A : So long.

A：やぁ。

B：よう、どうしてた？　随分久しぶり。

A：特に変わりないよ。相変わらず忙しいね。

B：お袋さん、どう？　倒れたんだって？

A：もう起きあがってるから大丈夫さ。

B：それはよかった。あぁ、もう行かなくては。クリーニング屋が閉まる前にね。

A：今度遊びに来いよ。

B：是非、ありがとう。それじゃあ。

A：じゃあ。

◎ DISC 1　TRACK 2

Politeness：礼儀

Being Polite（丁寧さ）

　大半のイギリス人は **please, thank you, sorry** を頻繁に使います。もしあなたがこれらの丁寧な表現を言い忘れると、"**And what's the magic word?**"（please はどうしたんですか？）や、"**Mind your manners.**"（行儀悪いよ）と言われるかもしれません。人から何かの許可を得る時、とても便利な表現は "**Do you mind?**" です。これは実に幅広く使えるフレーズなので、是非覚えてください。しぐさやジェスチャーを加えて、この "**Do you mind?**" を言えば、"**can I sit here?**" や "**can I open the window?**" などの意味として難しいフレーズを使って説明するまでもなく、あなたの要求内容が相手に伝わるはずです。また、物事を人に頼みたい時は "**Would you be kind enough to ...**" と丁寧に聞く表現もあります。

　とにかく、人に何かを頼む時は必ず "**please.**" を使い、人に何かしてもらったり、受け取ったら必ず "**thank you.**" と言いましょう。最も丁寧なお礼の言い方は "**Thank you very much indeed.**" です。

それに対する丁寧な返事は "You're (more than) welcome." や
"Not at all." です。"Don't mention it." や "Think nothing of it."
は中間に位置します。"No problem." や "Any time." というラ
フな言い方もあります。

thank you（ありがとう）以下同様語	
ta
cheers ※カジュアル、乾杯やさようならの意味でも使用
thanks awfully ※上流階級
thanks ever so much ※上流階級
thanks a bunch
thanks (a lot)

● sorry（お詫び）

　もし、人の足を踏んでしまった時は、必ず "sorry" と言います。
仮にあなたに非がなくても、足を踏んだ程度のことであれば、無駄
なトラブルを避けるためイギリス人は "sorry" と言います。このト
ラブルを避けたがる傾向は日本人と共通しているような気がします。
"sorry" には他の意味もあり、もしあなたが通りの邪魔になってい
て、誰かに "sorry" と言われたなら、"Get out of the fucking
way!"（どけこの野郎！）の意味であることもあります。さらに、
"sorry" は "I don't understand" や "Excuse me" または "I
didn't hear you"（=Pardon? / (I) Beg your pardon? ラフな言
い方としては "Come again?"《何だって？》）などに変化するこ
ともあります。このように "sorry" は多彩な言葉なのです。

　どんな状況であれ、丁寧に振る舞うのがイギリス人で、愛想よく
振る舞うアメリカ人とは対照的です。

　私の意見では、イギリス人は形式的な表現において、"can't
complain" "mustn't grumble" "not bad" "Lovely weather.

Won't last though" などからも見てとれるように、陰鬱で否定的です。これがイギリスの国のカラーなのかもしれません。元気一杯で、何を話すにも積極的なアメリカ人とはあきらかに異なっています。もちろんこれは一般論ですが、実際に比べてみるとよく当てはまります。

◎ Modesty（謙虚さ）

私たちイギリス人は日本人と同様、謙虚さを大切にします。たとえば、"Yes, I can play the guitar ... **but I'm not very good at it.**" / "**but not very well.**"（はい、ギターを弾くことができます…でもあまり上手ではないんです）または "**...not too badly.**"（…ひどすぎない程度に）とも言います。

"I don't mind"

日本語の「いいよ」にあたるこの表現は、イギリス人に好んで使われます。"I don't mind doing it." や "I don't mind going." など、頼み手を思いやる気持ちを含んだ表現だからです。

◎ DISC 1　TRACK 3

▌ Yes or No：イエスかノーか

日常会話において "**yes**" と "**no**" は欠かせない言葉です。この2語以外にも肯定・否定を表す語がたくさんあり、その状況、相手、肯定・否定の程度によっても様々です。また、嫌でも "**yes**" と言わなくてはならない時なども考えられます。"**yes**" か "**no**" かを言う時は、怒り、不安、困惑、嫌悪、矛盾など、様々な感情が交差するため、肯定的な "**yes**" なのか、否定的な "**yes**" なのかを判断するのに、その声のトーンがとても大切になってきます。たとえば、もし相手が" **Oh! Right. I see. Err ... Um ... Let me see. OK, then**

...maybe. I'll have to get back to you ..." と言えば（ここまで言う人はいませんが）、その人が進んで "**yes**" と言いたくないのは一目瞭然です。

　以下に皆さんが慣れておくべき "**yes**" と "**no**" の言い方を載せておきます。もし、イギリスの社会で生きていこうとするのであれば、何に対しても "**yes**" と言ってしまわないために、またはぶっきらぼうに "**no**" と言ってしまわないためにも覚えておいてください。

Yes（= Yah / Yeah / Yup / Yep）（はい）　　　　　　　　CD
の状況別同意語　※カッコ内は Yes よりカジュアルな言い方

許可を与える	Can I have the last piece of pizza? （最後のピザ一切れもらっていい？）
Sure (thing).　　　　　　**All right by me.** **No problem.**　　　　　　**OK.** **Go ahead.**　　　　　　　**Be my guest.** **Help yourself.**　　　　　**Feel free.** **By all means.** **You bet.** ※これはアメリカ英語からきた表現	

勧誘を引き受ける	Would you like the last piece of pizza? （最後のピザ一切れはいかがですか？）
I wouldn't say no. **I don't mind if I do.**	

依頼を引き受ける	Can you do this for me? （これをしてもらえますか？）
Right-o. **I'll be more than glad to.** **Just say the word.**	

> **"OK"**
>
> 　正確な語源はさだかではありませんが、いくつかの有力な説があります。インドの元首 Old Keokuk からきているとか、Old Kinderhook という大統領からきているとか、Oll Korrect（all correct のスペルミス）からきたという人もいますし、フィンランド語の oikea やハイチ語の Aux Cayes からだという説もあります。語源は何であれ、OK はとても役立つ言葉で、形容詞、副詞、動詞、名詞、感嘆詞、会話のつなぎ、同意など様々な方法で使える便利な言葉です。

● no の表現 🔊

no way (Jose)（まったく、どうみても…ない）※発音は「ホゼ」ダジャレ

"Can I use your car?" **"No way**! It's brand new."

「君の車、使っていい？」「だめだよ、新車なんだから。」

out of the question（まったく不可能で）

"Mum, can I go to France with Derek?" "Absolutely **out of the question**."

「母さん、デレックとフランスに行ってもいい？」「もちろん問題外ね。」

nothing doing（〈失望を表して〉成果は何もない）

"Did you manage to get any?" **"Nothing doing**, mate."

「いくつか手に入った？」「まったくだめだね。」

no go（不適切な、立ち入り禁止となっている）

I went to ask the boss, but it was a **no go**.

上司に聞いてみたんだけど、却下されたよ。

nope ※ no の口語

"Got a light, mate?" **"Nope**, sorry."

「火ある？」「ごめん、ないよ。」

not likely （とんでもない、しそうにない）

"Do you think United will win the league this year?" **"Not likely!"**

「ユナイテッドは今年優勝すると思う？」「まずないね。」

not on your life （決して…しない、とんでもない）

"Would you go out with Jack?" **"Not on your life!"**

「ジャックとデートすれば？」「絶対イヤよ。」

over my dead body （生きているかぎり…させない）

"I don't care! I'm going to buy one." **"Over my dead body!"**

「いいの、新しいのを買う。」「だめに決まってるでしょ。」

not on your Nelly （とんでもない、そんなばかなことを）

"Lend us £100." **"Not on your Nelly!"**

「100ポンド貸して。」「やだよ。」

can't help （どうしようもない）

"What time's the last train?" "Sorry. **Can't help**."

「終電は何時？」「あいにく、もうないよ。」

do me a favour （バカ言え）

"Can I bring your ex to the party?" **"Do me a favour!"**

「君の前のカミサンをパーティーに連れてってもいい？」「バカ言うなよ。」

I'm afraid （〈残念ながら〉…と思う）

Ah. Err ... **I'm afraid** that's the wrong one.

えーと、それは間違ってると思います。

sorry, but （気の毒・残念ですが、しかし…）

Sorry, but that's not for sale.

ごめんなさい、あれは売り物じゃないんです。

unfortunately （残念ですが）

Unfortunately, it's not my decision.

あいにく、それは私の決めたことじゃないんです。

any other time (maybe) （また他の機会があれば）

"Are you coming tonight?" "**Any other time maybe ...**"

「今夜来る？」「また今度ね。」

ask someone （他の人をあたれ）

"Do you know the answer to this?" "Err ... **ask John**."

「この答えわかる？」「えっと、ジョンに聞いてみたら。」

not right now （今はダメ）

"I was wondering whether ..." "**Not right now**. I'm busy"

「ちょっと迷ってるんだけど…。」「忙しいから後にして。」

no can do （不可能）

"Can you lend me £50?" "Sorry. **No can do**."

「50ポンド貸してよ。」「悪いけどムリ。」

the thing is （実は）

You see, **the thing is**, we're going there next week ...

あのね、実は…そこへは来週行くんだよ。

no chance （そんなことはあり得ない）

"Lend me your bike." "**No chance**."

「自転車貸してよ。」「やだよ。」

never/not (in a thousand/million years) （絶対ない）

"Would you go out with me?" "**Not in a million years!**"

「デートしない？」「いやよ、あり得ないわね。」

are you serious? （本気？）

"Why don't you give me your old car?" "**Are you serious**?"

「君の古い車、ちょうだいよ。」「本気かよ！」

impossible （不可能）

"Are you coming on Sunday?" "**Impossible**."

「日曜来る？」「あ、だめ。」

you must be joking (冗談にちがいない)

"Are you going out with Mary?" "**You must be joking**, mate."

「メアリーとデートするの？」「冗談きついよ。」

love to, but (是非そうしたいのですが…)

"Can you come tomorrow night?" "**Love to, but** I've got to work late."

「明日の夜、来られる？」「是非伺いたいんですけど、遅くまで仕事があるんです。」

if it were up to me (できることなら)

If it were up to me, I'd say yes, but ...

できることなら、イエスとお答えしたいんですけど、残念ながら。

it's more than my job's worth (私の範ちゅうを越えている)

"Go on. Get me a free ticket." "**It's more than my job's worth**, pal."

「いいじゃない、タダ券ちょうだいよ。」「そんなことをしたら首になるよ。」

it's out of my hands / it's not in my hands (手におえない)

Sorry, but **it's out of my hands**.

ごめん、僕じゃどうにもできないよ。

(someone's) right out (切らしている、ない)

"Got any potatoes?" "Sorry, **right out** of potatoes today."

「ジャガイモある？」「すいません、今日切らしているんです。」

(someone's) had it (だめに決まっている)

"Do you think mum'll let me go?" "**You've had it**, chum."

「母さんが許すと思う？」「ダメだよ。」

get lost/stuffed/knotted (〈怒り、軽率などを表して〉うせろ、やだ)

"Can I come with you?" "**Get knotted**."

「一緒に行ってもいい？」「やだよ。」

ask me another

"Can you lend me fifty quid?" "**Ask me another**."

「50 ポンド貸して。」「それはだめだね。」

How to be negative in a polite way ：丁寧に断る

普段の生活では、"**no**"と言わなければならないことも多くあります。丁寧に、紳士的に断りたい時、イギリス人はよく"**I'm afraid...**"を使います。

I'm afraid he's out of the office.（申し訳ありませんが、彼は只今外出中です）
I'm afraid I won't be able to make it.（残念ですが、それは出来かねます）
"Is he dead?" "I'm afraid so."（「彼は死んだの？」「そのようだね」）
"Is he coming?" "I'm afraid not."（「彼は来ますか？」「来ないでしょう」）

条件付きであれば了解する。**as long as...**（〜ならば）

I'll go, as long as Tim comes with me.
（ティムが行くなら、私も行きます）
You can go, as long as you're back before 11:00.
（11時までに帰ってくるなら、行ってもいいよ）

Saying more ：会話の膨らませ方

単にイエス、ノーだけでは味気ない会話になってしまいます。この後に以下のような表現を少し付け加えるだけで、相手に友好的な印象を与え、会話がより膨らみます。

Yes, it's lovely.（はい、すてきです）　　**Yes, I like it a lot.**（はい、気に入ったよ）
No, not at all.（いいえ、まったく）　　**Yes, that's right.**（はい、その通りです）
Yes, it's delicious.（はい、おいしいです）　**Yes, isn't it wonderful.**（すばらしくない?）
How funny!（何ておかしい）　　　　**How surprising!**（何て驚き）
How strange!（何て変な）　　　　　**How ridiculous!**（何てバカげている）
How interesting!（何て興味深い）
※ How を That's や Isn't that に言い換えて使うこともできます。

簡単な質問をするのも会話を膨らますよい方法でしょう。たとえば、"Really? Why not?" や "Does he? Whereabouts?"（whereabouts（どの辺り）は where（どこ）の柔らかい言い方）、または "Was it? When?" など。英語が苦手な方でも、この方法を使えば、より長くそして容易に外国人との会話を楽しむことができるはずです。

◉ Expressing enjoyment：喜びの程度

> **I really enjoy (it). / I quite like (it).**（満足しました） **CD**
> **I don't mind (it).**（悪くはない）
> **I'm not very keen on (it). / Actually, I don't like (it) at all.**
> （まったく気に入らない）

Tag question：付加疑問

コメントや話すことに困ったら、付加疑問が役に立ちます。

Good film, wasn't it?（いい映画でしたよね？）

Not so interesting, was it?（あまり面白くなかったですよね?）

Quite nice, wasn't it?（結構いいですよね？）

Not too bad, was it?（それほど悪くもないですよね？）

◎ DISC 1　TRACK 4

Surprise!：ビックリ

世界中の出来事に驚く毎日、とにもかくにも、驚きや不信を表すイギリスの表現はたくさんあります。私の母はよく "Gosh!" を使い、日本人の多くは、"Really!" を多用します。他にもたくさん驚きを表す表現があるので参考にしてください。

驚きの表現 🔘

Oh? / **Oh, really?** / Well! / **Well, well!** / Is that so? /
How very interesting! / Is that a fact? / Who'd have
thought it! / You don't say! / Well I'll be...(damned)! /
You must be joking! / A likely story! / Pull the other
one! / Give me a break! / And pigs can fly. / Well, I
never (did)! / Stone me! / I'll be buggered! / **Surely
not!** / Fancy that! / Good grief! / You could've
knocked me down with a feather! / Goodness me! /
How come! / My foot!

反射的な驚きの表現

Gosh! / Christ! / Golly! / **Crikey!** / Blimey! /
Gorblimey! / Bejesus! / Cripes! / Jesus (H) (Christ)! /
Jeez! / Cor! / Gordon Bennett! / Shocking! / My God!

その他の反応を表す表現

Tell me more! （もっと教えて）

If you say so! （言ってろよ）

Some hope! （あり得ないね）

Do you think I was born yesterday? （私が知らないとでも思ったの）

What do you take me for a fool? （そんなこと知ってるよ）

If you believe that, you'll believe anything! （だまされやすい人だな）

以下に驚きの感情を含むいろいろな表現を紹介します。

nothing out of the ordinary（変じゃない）

It was **nothing out of the ordinary**.

別に変じゃなかったよ。※ nothing を取って（変だ）の意味にもなる

a new one on me（私にも初めてだ）

Well, that's certainly **a new one on me**!

へえ、私も知らなかったよ。

a surprise in store（ビックリする事が待っている）

He's got **a surprise in store** when he gets home.

彼、家に着いたらビックリするぞ。

bombshell（爆弾発言）

"Why's it so silent?" "Harry's just dropped a **bombshell**-he's quitting!"

「なんで、こんなにシンとしているの？」「ハリーが爆弾発言をしたんだよ。辞めるんだって」

can't get over（信じられない）

Did he really? Well, I **can't get over** that! Very unusual.

彼が？　信じられないわ。彼らしくないもん。

eat one's hat（〈帽子を食べてもいいくらい〉確信している）

I'll **eat my hat** if it's true!

それが本当なワケないよ。

fall off one's chair（〈椅子から転げ落ちるくらい〉びっくりする）

I nearly **fell off my chair** when she told me!

彼女がそれを言った時、椅子から転げ落ちそうになったよ。

faze（驚かせる）

I wasn't **fazed** in the slightest.

まったく驚かなかったよ。

flabbergast / gob-smacked （びっくり仰天させる、面食らわせる）
I was **flabbergasted** by the news!
私はその知らせを聞いて、ぶっ飛んだ。

knock someone sideways(=for six) （ショックを与える）
I could tell he was **knocked sideways** when he heard.
彼がそれを聞いた時、ガックリしたと思うよ。

no prizes (offered) for guessing this one （明白だ、誰でもわかる）
No prizes for guessing this one.
誰にでもわかるよ。

never/not know what hit one （驚く、突然傷つけられる）
When I told her, she **never knew what hit her**.
僕が彼女に言った時、事がよくつかめていないようだった。

pop up from / spring from （急に現れる）
Where did you just **spring from**?
どこからわいて出たの？

spring on （急に持ち出す、言い出す）
He just **sprung** it **on** me, just like that!
いきなり彼はその話を持ち出した。

surprise, surprise （〈皮肉な調子で〉驚きあきれた）
"John was late again." "**Surprise, surprise**."
「ジョンがまた遅刻してきたよ。」「あきれるよ。」

turn-up for the books （不意の驚くべき出来事）
Well, that's a **turn-up for the books** - you coming in early!
え、君がこんなに早く来るなんて、雪でも降るのではないでしょうか！

can well believe it （容易にそう信じられる）
I **can well believe it**.
まあそう思うよ。

can you imagine!（信じられる）

Can you imagine! I never thought she would have done such a thing.

信じられる！　彼女があんな事するなんて、一度も考えられなかった。

(a) credibility gap（発言と行動の違い）

Credibility gap ahead.

ちょっと発言と行動に違いがある。

Oh!：おや、まぁ

"**Oh**" は、どのような会話でも耳にする、無害ですが多くの意味を持った表現です。では実際に "**Oh**" とはどのような意味を持つのでしょうか？　ある言語学者の著書によると、"**Oh**" は日常会話において、いくつかの機能を持っているということです。その最たる役割は、何か情報を得たあとで更なる情報を持ち出すため、話の内容を変えることを示唆するために使われる、とあります。堅苦しい表現ですが、これは日常会話で頻繁に起きています。たとえば、私たちは知らなかったことを言われるたびに "**Oh, I didn't know that.**" などと、無意識のうちに使っています。とにかくこの表現は会話を柔らかくし、話し手が控え目で、あまり出しゃばりすぎていないという印象を与えるために極めて重要で、会話から "**Oh**" を取り除くと、議論的で耳障りな感じになってしまいます。そして、"**Oh**" は重要な話題転換の合図でもあります。

驚き以外の **Oh** の様々な役割 🆑

陳述の導入： **Oh, maybe he isn't coming.**

自分の間違いの訂正： **Oh, you're right.**

他人の間違いの訂正： **Oh, it wasn't, you know.**

確認： **Oh, you mean next week?**

嗜好を尋ねる： **Oh, so what do you like then?**

何かを思い出す： **Oh, I forgot to tell you.**

新しいことを知ったとき： **Oh, I never knew that.**

知識の受け入れ： **Oh, do they sell computers?**

認識： **Oh, I know him.**

怒り： **Oh, yeah! What're you going to do about it?**

　ネイティブスピーカーは上記の微妙な差など意識せずに、この表現を使っています。上記のような差をつかむのは少し難しいかもしれませんが、"**Oh**" の重要性はおわかりいただけたと思います。

◈ Actually ：実は

　この言葉は、イギリス人にとてもよく使われています。これから言おうとすることがあまり不躾にならないようにするためや、人の間違いを正すのに使います。

🆑

Actually, I don't eat meat. （実は、肉は食べられないんです）

Actually, I'm not really sure. （実は、あまり知らないんです）

I'm from England, **actually**. （イギリス出身なんですよ、実は）

I'm not bothered, **actually**. （何でもいいですよ、本当に）

Yes, I am, **actually**. （そうなんですよ、実は）

Actually, it's Karl with a 'K.' （実は、K で始まるカールなんです）

It's not mine, **actually**. （私のではないんです、実は）

◉ **By the way** ：ところで

これはイギリスで、頻繁に使われている表現で、話題の転換に使います。

追加、転換

I'm British, **by the way**.

（ついでに言うと、僕はイギリス人だよ）

By the way, did you see Collin yesterday?

（ところで、昨日コリンを見た？）

言いにくい事の切り出し

By the way, you don't happen to know how to fix a video recorder, do you?

（あのう、ビデオの直し方を知っていますか？）

What's the word? ：何って言うんだっけ？

　私たちは誰でも、何か・誰かの名前をど忘れしてしまうことがあるものです。そんな状況で使える表現をいくつか集めました。

物の場合：**thingummy / thingumajig / whatsit / thingy / whatchamacallit / whatnot / you know what / doofah**

例：**Pass me that whatnot, will you?**

（それ何て言うんだっけ、取ってくれない？）

人の場合：**what d'you call him / whathisface**

例：**You know who I mean. What d'you call him?**

（誰のことだかわかるでしょ。彼は何という名前だったかしら？）

● Offering ：申し出

"**Would you like...?**"が一般的。"**Do you want...?**"は親しい間柄で使います。

> **Would you like** a cup of tea? (紅茶はいかがですか？) 🔘CD
>
> **Do you want** a cup of tea? (紅茶飲みたい？)
>
> **Yes, please, I'd love** a cup of tea. (はい、是非お願いします)
>
> **Yes, that would be nice/lovely.**
>
> (はい、そうしてもらえると嬉しいです)
>
> **No, thanks. I'm fine.** (いいえ、結構です)
>
> **I'm OK.** (大丈夫です)

● Offering suggestions ：提案

"**Let's...**"が一般的。"**We could...**"は最も控えめな言い方です。

> **Let's** go and watch a film. (映画を見に行きましょう) 🔘CD
>
> **We could** go and see a film. (映画を見に行くことができますが)

● Permission ：許可

"**Would it be possible for me to...?**"が最も丁寧な言い方、次に"**Could I...?**"そして、"**Can I / Is it alright if I...?**"となります。 🔘CD

> **Would it be possible for me to** come tomorrow morning?
>
> (明日の朝、来ていただけますか)
>
> **Could I** have a glass of water, please?
>
> (お水をいただけますか)
>
> **Can I / Is it alright if I** have the soup instead of the salad?
>
> (サラダの代わりにスープをもらえますか)
>
> **Sure, go ahead. / Yes, of course.**
>
> (はいどうぞ、ええもちろん)
>
> **I'm sorry, but** the soup has finished.
>
> (申し訳ありませんが、スープは終わってしまいました)

◉ Deciding, asking ：決定、尋ねる

何がいいのか聞かれた時

I'll have the steak, please. / **I'll go for** the steak, please.
（ステーキをもらいます）

Steak **for me, please.**（私にはステーキをください）

あるかないかを尋ねた時

Have you got any juice?（ジュースはありますか）
What non-alcoholic drinks **have you got?**
（ソフトドリンクは何がありますか）

人に何かしてもらう事を頼む時

If you would like to meet me here at 3:30.
（3時半にここで会ってもらえますか）
If everyone could stop talking for a moment.
（少しの間、皆さん静かにしていただけますか）
Would you mind carrying this for me?
（これを運んでもらってもいいですか）
Could you carry this for me?（これを運んでもらえますか）

◉ Asking for help ：助けを求める

"**Excuse me...?**" をはじめに付けて下の表現を使えば、たいていの人は "**Not at all...**" や "**Why, of course...**" または "**Sure...**" と言って、気持ちよく引き受けてくれるでしょう。

Would you mind helping me with this?
（これを手伝っていただくことはできませんか）
Could you show me how to do this, please?
（これのやり方を教えていただけませんか）
Can you tell me the way to the station, please?
（駅までの行き方を教えてくれませんか）

※丁寧度が高い順に並べてあります。

🌸 **Making arrangements** ：約束の仕方

> **You can** get me at the office on Monday.（月曜日に事務所で会いましょう）🆑
> **We could** meet on Monday.（月曜日に会いましょう）
> **Shall I** come to you on Monday?（月曜日に伺いましょうか）
> **When would you like** me to come?（いつ頃伺いましょうか）
> **I'll call** you on Monday.（月曜日に電話します）

🌸 **Manage** ：何とかする

　これは私が英語を教えていて、日本人が最も理解に苦しむ表現であるように思います。しかしイギリス人はこの語をよく使うので、是非覚えてください。「困難だけれども、結局は自分で何とかできる」という時によく使われます。

> "Let me help you with that." 🆑
> "No, really, I can **manage** it on my own. Thank you."
> （「お手伝いしますよ」「結構です。自分でできますから。ありがとうございます」）
>
> How did you **manage** to do that by yourself?
> 　　　　　　　　　　　　　　（どうやって自分一人でできたの？）
>
> It's alright, honestly. I **managed** to do it yesterday.
> 　　　　　　　　　　　　（平気だよ、本当に。昨日のうちにできちゃったよ）
>
> Can you **manage** to be there on time?
> 　　　　　　　　　　　　　　（何とか時間どおりに来られるかな）

　申し出をする時、"**Come on...**" や "**Go on...**" を付け加えると、主張の強い申し出になります。たとえば、"**Come on, let me help.**" や "**Go on, let me do it.**" など。これら強い申し出に対しても、"**manage**" を使ってうまく断る事ができます。

Miscellaneous ：その他

● Telephone words ：電話に関する言葉

電話に関する表現はイギリス独自のものが多いです。

I called, but it (=the line) was engaged. 🄲🄳
（電話をしましたが話し中でした）

Is that the phone ringing?（電話が鳴っていませんか）
Can you answer it for me?（電話に出てもらえますか）
I'll give you a ring/call/bell later.（後で電話します）
Hang on a minute.（お待ちください）
Speaking / Karl here.（私です・カールです）
Can I have the code for Bristol, please?
（ブリストルの市外局番を教えてもらえますか）

Can I call you back?（かけ直してもいいですか）
Who shall I say is calling, please?（どちら様ですか）
She's on the other line at the moment.
（彼女は只今電話中です）

● Numbers ：数字

　数字の 0 はたいていアルファベットの O と同じく "Oh" と読みます。以下は同じ数字が重なっている時の読み方です。 🄲🄳

Oh two double three five double seven five (02335775)

◎ Money ：お金

イギリスの貨幣は "**pound**"（発音はポンドではなくパウンド）、100 ペンスが 1 パウンドです。"**pence**" をよく "**p**"（ピー）と略します。

硬貨には 1p, 2p, 5p, 10p, 20p, 50p, £1 そして £2 コイン、紙幣は £5, £10, £20, £50 **notes**（札）があります。bill とは言いません。これはアメリカ英語です。

That'll be four pounds (and) twenty two p(ence). 🅒

レストランなどで勘定を払う時

I'll get this.（ここは私が払いましょう）
※この表現は次の文で、他の人が支払いを申し出ることができる余地を残しています

No, please allow me.（いいえ、私に払わせてください）

I'm getting this.（ここは私が払います）
※この表現は支払いをする強い主張を表します

Email ：Eメール

セクハラ "sexual harassment" など、日本語になった多くの外来語は短縮形になっているようですが、近年急速に広まったある言葉はわざわざ長くして読まれています。その言葉は @ です。皆さんはアットマークと読んでいるようですが、本当は "at" と読みます。また "－" はダッシュ、"／" はスラッシュ、"＿" はアンダースコアーと読みます。たとえば、ideasjpn@zab.att.ne.jp は "ideasjpn at z a b dot a t t dot n e dot j p" と読みます。私事で恐縮なのですが、このアドレスは私のインターネットを利用した時事英語コースです。よろしければご連絡ください。

● A few words on pronunciation ：発音についての注意事項

　私たちは感情を表現するのに、イントネーションも使います。イントネーションの重要な役割は、興味・怒り・喜び・皮肉・驚きなど感情を表すことです。更にイントネーションは、話す時の文の構造をはっきりさせることもできます。肯定的に話したいのであれば、高い音から始めて、低い音で終えます。平坦な喋り方は不機嫌に聞こえます。抑揚をつけることを意識してください。

　また、日本人の発音や聞き取りで多くの間違いの原因となっているのは、語と語のつながりでしょう。ネイティブスピーカーが話す時は、語と語をつなげて発音したり、音を無くしたりします。母音で始まる単語は特にそうです。たとえば、"Fish 'n' chips." (Fish and chips)、"Ladiesand gentlemen" (Ladies and gentlemen) となります。また、主語と動詞はつなげて発音されます。"Theapplesare inthefridge." (The apples are in the fridge)。前置詞は、上の例文からもわかるように、その前の語とは切り離し、その後にくる単語につなげて発音されます。

　発音にはいくつかの基本的な規則があります。それらは専門書などで学習することをお勧めします。

Part2

様々な状況における
イギリスの日常英語表現

DAILY BRITISH
ENGLISH
FOR EVERY SITUATION

ここでは、日常のイギリス英語に焦点を合わせます。

読者の皆さんが遭遇するであろう社会的状況で使うことのできるイギリス英語を人間性（怒りや間違いなど）と社会性（犯罪や環境など）とに分けて紹介します。この方法の方が、単なるフレーズや単語のリストよりわかりやすく、そして役立つと思います。また、表現に合わせて、イギリスの意外な一面なども短く紹介しています。

単語やフレーズの意味は文字通りでない場合も多くあり、紹介されている表現の中には、ほかの項で紹介してもよいものもあります。たとえば、**BODY** のところで紹介したものは体の表現だけに関連しているわけではなく、**BODY** の一部分がその表現に含まれているだけということもあります。このようにいくつかのカテゴリーに分けたのは、イギリス英語と文化を感覚的につかんでもらうためであり、また内容をより楽しいものにするためでもあります。

そして各項目ごとにその内容と関わりのある quotation（引用）をのせています。

"I hate quotation. Tell me what you know." (Ralph Waldo Emerson 1803-82 From his diary)「他人の受け売りは嫌いだ。君が知っていることを話してくれ。」（エマソン）

マークの説明

いつでも使える
きちんとした表現

友人の間などで使う
カジュアルな表現

使う時は状況を考える必要のある
スラングや乱暴な表現

Section 1 Daily English in the Abstract
概念を表す日常英語

　この章では、私たちがよく出くわす、質や量、知識、美しさ、難し
さなど、概念的な場面を表わす日常英語を紹介します。どのような概
念的場面も切り抜けられるように、様々な表現を取り揃えました。

① 量についての日常表現 ················· QUANTITY

Small is beautiful.
E.F.Schumacher 1911-77.
「小さきことは美しきことなり」

　量について何らかの意見を述べることは、日常会話の重要な側面の一つです。聞き手に、より詳しい情報を与え、会話をより興味深いものにすることができます。ここでは量を表す表現と、量に関する語を含む表現を紹介します。

a bit (too) much （ちょっとやりすぎ）

Her dress is **a bit much**, don't you think?
彼女の服はちょっとやりすぎだと思わない？

a good few （かなり多数の）

There were **a good few** supporters at the game today.
今日は、試合にかなり多くのサポーターがいた。

at a pinch （もし本当に必要なら）

I think I could do that **at a pinch**.
もし本当に必要ならそうしてみよう。

bugger-all / sweet FA / sod-all / damn-all （まったくないこと）

There's **bugger-all** in the fridge.
冷蔵庫の中は空っぽだ。

bump (something) up （〈物価・給料などを〉上げる）

They've **bumped petrol prices up** again.
またガソリン代が値上がりした。

dollop （ひとすくい）

Just a **dollop** of potatoes for me.
マッシュポテトをひとすくい、ちょうだい。

dribs and drabs （少しずつ）

The guests have been arriving in **dribs and drabs** so far.
今のところ少しずつ客が到着している。

fat lot of use （まったく役に立たない）

You're a **fat lot of use**, you are.
おまえは本当に役に立たないよ。

great （〈大きさを表す形容詞の前に用いて〉とても）

There was this **great** big spider on the wall.
壁にばかでかいクモがいた。

heaps / piles / stacks / masses / loads （多量）

He's got **loads** of CDs.
彼は CD を山ほど持っている。

hefty （大きな）

If you park there, you'll have to pay a **hefty** fine.
そこに駐車したら、相当な罰金を取られるよ。

in a big [small] way （とても [少しだけ]）

I fancy her **in a big way**!
彼女のこと、とても好きなんだ。

little by little / bit by bit （少しずつ）

I'm picking up the language **little by little**.
少しずつ言葉を覚えているよ。

measly （ほんのわずかな）

You get **measly** portions in French restaurants.
フランス料理の店では、ほんの少しの量しか料理が出てこない。

more often than not （しばしば）

He comes in here on Fridays **more often than not**.
彼はよく金曜日にここに来る。

nibble （一口）

I fancy a **nibble**.
何かちょっと口に入れたいな。

no shortage of （…に事欠かない）

There's **no shortage of** beer in his house.
彼の家はビールを切らしたことがない。

nothing in it （五分五分だ、勝負がつかない）

It was a close result. There was **nothing in it**.
互角だった。勝負がつかなかったよ。

on and off （不規則に）

We've been seeing each other **on and off** for about a year now.
ここ一年くらいの間、時々会っています。

once in a while / every so often / on occasions （時たま）

I go there **once in a while**.
時たまそこに行く。

short on （…が不足して）

He's a bit **short on** the grey matter.
彼は少し脳味噌が足りない。

ten a penny （どこにでもある）

These things are **ten a penny** down Oxford Street.
こんなものはオックスフォード通りのどこででも売っているよ。

that's the/your lot （それで全部だ）

Sorry. There's no more. **That's your lot**.
すみません。もうありません。それで全部です。

the (whole) lot （全部）

I think I'll buy **the whole lot**.
全部買うわ。

the (whole) works （一切合切）

I'm starving. I'm going to have **the works** tonight.
腹ぺこだ。今夜は全部食べるぞ。

the odd （たまに）

I like **the odd** glass now and then.
たまに一杯飲みたくなる。

thick on the ground （掃いて捨てるほどいる）

The tourists are **thick on the ground** today.
今日は観光客が掃いて捨てるほどいる。

thumping / whopping / ginormous / zonking / whacking / corking （とてつもない）

He had this **whacking** black eye.
彼は目のまわりに大きな青あざをつくっていた。

to a degree （かなり）

It was OK **to a degree**, but it wasn't convincing.
かなりいいけど、説得力に欠けるね。

within limits （範囲内で）

I guess that's possible **within limits**.
それは可能だろうが、範囲内という条件付きでね。

wot(=what) no something? （…がないとは）

Wot no beer? Outrageous.
ビールがないだって？　けしからん。

zilch （ゼロ）

Sorry. Not a penny. **Zilch**.
ごめん、一銭も持ってない。ゼロ。

2 質についての日常表現 ……………… QUALITY

"Was fur Plünder!, (what rubbish!)"
GL Bücher (1742-1819)
「ひどい!」ロンドンを略奪した時の感想(GL.ブリュッセャー)

　質は、量と同じくらい大切です。ただ、質を評価するのはたいへん難しく、主観的なものになってしまいます。けれども、日常会話の大事な一面なので、役立つ表現をご紹介しましょう。

a cut above（上位に、上質に）

> I would say he's **a cut above** the rest.
> 彼は他の人に比べて上回っていると思うね。

a treat（申し分ない）

> This beer is going to go down **a treat**.
> このビールは申し分ない。

cracking / ripping / spiffing / corking / super / smashing / wicked / ace / mean / solid / magic / fab / shit-hot / storming / knock-out / brill / corker of a / the dog's bollocks（とてもいい、最高の）

> That was a **wicked** party.
> あれは最高のパーティーだったよ。
> ※ the dog's bollocks は名詞の前において使うことができません。
>　　例：This beer is **the dog's bollocks**.このビールは超うまい。

dodgy（危険を伴う、ペテンの）

It sounded a bit **dodgy** to me.
ちょっといんちき臭いね。

grotty（汚い、粗末な）

I thought their flat was a bit **grotty**.
彼らのアパートはちょっと汚いと思った。

have known better days（くたびれた、落ちぶれた）

I think your car **has known better days**.
君の車はかなりくたびれているね。

lousy（お粗末な）

That movie was absolutely **lousy**.
あの映画、ひどくお粗末だ。

no bloody good / crap(py) / piss-poor / poxy / rubbish / tripe / shit / shite（たわごと、くだらないもの）

I thought it was **no bloody good**.
それは最低だと思った。

not (what) it is cracked up to be（評判ほどではない）

I do**n't** think it was all **it's cracked up to be**.
それは評判ほどではないと思う。

more like it（そうだ、ずっと良くなった）

Come on United! That's **more like it**.
がんばれユナイテッド、良くなってきたぞ。

not much of a（たいした〜ではない）

Well, it was**n't much of a** party, really.
たいしたパーティーではなかったよ。ほんと。

nothing to write home about （とり立てて書くほどもない）

It was OK, but **nothing to write home about**.
それでよかったよ。でもとり立てて報告するほどのものではなかった。

out of this world （天下一品で）

You should try the steak. It's **out of this world**.
そのステーキを食べてみなよ。天下一品の味だよ。

plus [minus] （有利 ［不利］ なこと）

Well, the wine was definitely a **plus**.
そうだね、そのワインは絶対にお得だったね。

rubbishy （くだらない）

I thought his latest novel was a bit **rubbishy**.
彼の最新作は、ちょっとくだらないと思った。

unreal / something else （すばらしい）

Oh! What a party! Absolutely **unreal**.
なんてパーティーだ、すごいよ。

up to par （標準に達して、元気で）

I don't think it was **up to par** as usual.
普段どおりだったとは思わない。

well good （とってもいい）

The rave? It was **well good**, man.
パーティー？　最高だったよ。

be worlds apart （別世界である、非常にかけ離れて）

That restaurant **is worlds apart**.
あのレストランはすばらしくおいしい。

shitty （ひどいこと）

I thought it was a **shitty** thing to do.
そんなことをするなんて、ひどいと思った。

skuzzy （小汚い）

My mate Steve prefers **skuzzy** bars like this.
友人のスティーブは、こういう小汚いバーが好きなんだ。

manky （不快な、汚い）

Your settee's a bit **manky**, isn't it?
君のソファー、ちょっと汚くない？

tacky （安っぽい）

I think his taste in furniture is a bit **tacky**.
彼の家具の趣味、ちょっとダサいね。

any old how （乱雑に、不注意に）

Don't just do it **any old how**!
ぞんざいに、ただ済ませるなよ！

slobby / slob （がさつ者）

You are such a **slob**, man!
なんてだらしない奴だ！

shop-soiled （損傷や店ざらしの品物）

They were cheap because they were **shop-soiled**.
損傷しているところがあるので安かった。

cut corners （手抜きをする）

No **cutting corners** in this business. It's quality that counts.
このビジネスに手抜きは禁物だ。大事なのは質なんだ。

3 知識についての日常表現 ……… KNOWLEDGE

　ソクラテスはかつて「**私は自分が無知だということ以外、何も知らない**」と言いました。また、聖書（伝道の書）には「**知を増す者は悲しみを増す**」と書かれていますし、「**無知は至福である**」と信じている人もいます。私は（知れば知るほど孤独になるというのが真実であっても）知ること、つまり **polymath**（博識者）になることを選びます。なぜなら知によってより広い視野から人生について、自分自身の判断を下すことができるからです。あらゆる主題の本をできるだけ多く読むことで知識を得ることができます。しかし、悲しいことに活字離れは進んでいるようで、近頃の子供は本を読まなくなってきています（最近の調査で、日本の子供は世界中で最も本を読まないということが判明しました！）。今の世の中では、人は多くを知ることで生活や地位を向上させることができます。すべてを知るというのは誰にも不可能なことですが、自分が選んだ道の専門家になることが成功への近道ではないでしょうか。

　この項には、知識や無知の程度について日常会話で使われる表現を紹介します。

lost （理解できない）

Sorry, I **lost** you about two minutes ago.
ごめん、2分前からわからなくなった。

(I) wasn't to know, (was I?) / how was (I) to know?
（どうして〜を知ることができようか）

How on earth **was I to know**?
そんなこと、わかるわけないじゃないか。

be on about （〜について言っている）

What the hell **are** you going **on about**?
何の話？

it beats me （わからない）

"Do you know what he's talking about?" "**It beats me**."
「彼が何について話しているかわかる？」「いや、さっぱりだね。」

compare notes （情報を交換する）

I think we should get together next week and **compare notes**.
来週集まって、情報を交換し合うべきだと思う。

crystal (clear) / clear as a bell （はっきりとわかる）

"Was that clear to you?" "**Crystal**, mate."
「わかった？」「完璧だよ。」

fall into place （つじつまが合う）

OK. Gotcha. It's all just **fallen into place**.
わかったよ。すべてのつじつまが合ったよ。

get (the picture/idea) （わかる）

I don't think you **get** it, do you?
君が理解したとは思えないけど。

get (something) **straight** （はっきりさせる）

I think we need to **get** this matter **straight**.
このことをはっきりさせよう。

get the message （相手を理解する）

She finally **got the message**. She's stopped calling me now.
やっと彼女、わかってくれたよ。今じゃ電話してこなくなったしね。

get wise (to) （気づく、知っている）

Come on! **Get wise to** the facts. She doesn't like you anymore.
おいおい、目を覚ませよ。彼女はもうおまえのこと、好きじゃないって。

give to understand （理解させる）

I've been **given to understand** that you want to quit.
君が辞めたい訳を知っていたよ。

gotcha / getcha （わかった）

Ah! Now I **getcha**.
あっ、わかったよ。

knows what's what （万事を一般的に知っている）

Ask her. She **knows what's what**.
彼女に聞きなよ。彼女はだいたい知ってるから。

know one's stuff （有能だ、博識だ）

That was impressive. He really **knows his stuff**.
あれはすごいよ、彼は本当に博識だね。

know something backwards(=inside out)
（隅から隅まで知っている）

He really **knows the Bible inside out**.
彼は聖書について隅から隅まで知っている。

on the same wavelength （同じ波長で）

We aren't **on the same wavelength**, are we?
私たち、波長が合わないよね。

ring a bell （はたと思いつかせる、記憶を呼び起こす）

Her name **rings a bell**.
彼女の名前にピンとくる。

search me / ask me another （答えは出ないよ、知らないよ）

"When did Shakespeare die?" **"Search me."**
「いつシェイクスピアは死んだの？」「知らないよ。」

suss (out) （解決する、努力して理解する）

"Can you **suss** this **out**?" "I've got no idea."
「これわかる？」「いや、まったく。」

there's no knowing/telling （わからない）

There's no telling what time they'll be here.
何時に彼らが着くかはわからない。

with someone （人の言うことがわかる）

Are you **with me** so far?
ここまではわかってる？

a mine of information （情報の宝庫）

Ask John. He's **a mine of information**.
ジョンに聞いてみなよ。彼は情報の宝庫だから。

for all someone knows （私の知っている限りでは…だろう）

For all I know, he'll arrive after lunch.
おそらく彼は昼過ぎに着くんじゃないかな。

it stands to reason （当然である、理にかなっている）

It just **stands to reason**, doesn't it?
それはまったく当然のことじゃない？

know a thing or two about （～について通じている、結構知っている）

Ask Dave. He **knows a thing or two about** cars.
デイブに聞きなよ。彼は車について結構知っているから。

know as well as I do （よく知っている）

You **know as well as I do** he hates cheese.
君も彼がチーズ嫌いなことは、よく知っているじゃないか。

know best （一番の権威ある方法を知っている）

She always thinks she **knows best**.
彼女はいつも、自分が一番いい方法を知っていると思っている。

know better （もっと分別がある）

You should have **known better** than to go there.
あそこへ行くなんて、そんなバカなことをするべきじゃなかったのに。

know different （違う証拠・情報・意見を持っている）

That may be so, but I **know different**.
そうかもしれないけど、僕は違うと思うよ。

know for sure （確かに知っている）

Do you **know for sure**?
それは確かなの？

know the score （状況を把握している）

Does anyone **know the score** around here?
誰かこの辺りの状況がわかりますか？

know what (something) is （～がどういうものか知っている）

You don't **know what love is**!
君は愛がどういうものか知らないんだ！

know what one is doing （万事よくわかっている、心得ている）

I don't think he **knows what he's doing**.
彼が自分のしていることをわかっているとは思えないな。

none the wiser （相変わらずわからない）

Don't tell him, and he'll be **none the wiser**.
彼には言うなよ。言ってもわからないだろうから。

one lives and learns （経験で知る）

Well, stone the crows! **You live and learn**.
さあ、どうかな。そのうちわかるよ。

as far as I know / to my knowledge （私の知る限りでは）

To my knowledge, it was 1964.
確か、それは 1964 年だよ。

4 美しさについての日常表現 ……………BEAUTY

"The lord prefers common-looking people. That is why he made so many of them."
Attributed to Abraham Lincoln 1809-65.
「主は平凡な顔立ちの者を好むのだ。それゆえにそういう顔をたくさん造られたのだ。」(エイブラハム・リンカーン)

　私たちは誰でも自分がどのように見えるか気になります。どの文明においても、美は崇拝されてきましたが、美とは、文化的に創造されたものなのでしょうか？　それとも、美に対する姿勢は私たちの遺伝子に由来しており、DNA に組み込まれているのでしょうか？　どちらにしても美は、社会において強力な影響を持ち、化粧品、ファッション、ポルノグラフィーなど、大きなビジネスを生み出しています。

　英語には美しさに関する表現がたくさんあります。しかし同時に、その対義語である、醜さに関する表現も多くあります。人の心を傷つけることにもなり得るこのような表現は、面と向かって相手に言うべきものではありません。普通は **behind a person's back**（陰に隠れて）話されるものです。

　以下は、美醜や見た目に関する表現です。

(old) trout / bag / frump(y) / old boot （ダサくて醜いおばさん）

She's an **old trout** and that's all there is to it.
彼女はババアだよ。そういうこと。

a face that would stop a clock （二度と見られないほど醜い顔）

He's got **a face that would stop a clock**.
彼の顔はひどいよ。

a fright （醜い人）

Billy's girlfriend is a bit of **a fright**, don't you think?
ビリーの彼女はちょっと醜いと思わない？

a picture （絵のように美しい人）

You should see her. She's **a picture**.
彼女を見てみなよ。ほんと、キレイだよ。

freak(y) / weird （風変わり、気味が悪い）

He's a bit **weird**.
彼、ちょっと風変わりだね。

like the back end of a bus （顔が不細工な）

She looks **like the back end of a bus**!
彼女、ブスだよ。

no oil painting （見栄えがしない）

Well, she's **no oil painting**, but I really like her.
見栄えはしないけど、僕は本当に彼女のことが好きなんだ。

not much to look at （たいしたものではない）

Well, it's **not much to look at**, but it's the best we've got.
たいした物ではないけど、今ある中ではこれがベストだよ。

ringer for (someone) / spitting image （瓜二つ、生き写し）

You know, you're a dead **ringer for** Bruce Willis.
ねえ、君はブルース・ウイリスそっくりだね。

the like(s) of （～のような人物）

I've never seen **the likes of** him before.
彼のような人物にはいまだに会ったことがないな。

ugly as sin （非常に惨め、醜い）

God, it's as **ugly as sin**!
なんてこった、ひどく醜い。

the beauty of it （それの長所、魅力）

Can't you see? That's **the beauty of it**.
わからないの？ それが魅力なのに。

turn one's stomach （吐き気をもよおさせる）

He really **turns my stomach**!
あの人を見てると、本当に吐きそうになるわ。

drop-dead gorgeous （ものすごい美人）

She's absolutely **drop-dead gorgeous**.
彼女は、ホントめちゃくちゃ美人だよ。

beauty sleep （健康と美容のための早めの就寝）

I'd best be off to bed. I need my **beauty sleep** you know.
もう寝なきゃ。美容のために早寝するの。

⑤ 難しさについての日常表現 ……DIFFICULTY

"Madam, if a thing is possible, consider it done; the impossible? That will be done."
C.A. de Calonne 1734-1802 :from Histoire de la Révolution Française by J. Michelet.
「奥様、可能なことであれば、すでに済んでいると思っていただいて結構です。不可能なことはどうするか、ですって？　それも、いつかは済んでしまうものです」(J・ミシュレ)

　この項では、容易度・難易度についての表現を紹介します。日常会話でよく使われる、もう一つの主観的な質の表現方法です。

a bastard / a bugger / a pig / a bitch / a cow / a sod（粗悪品）

This screw is being **a right bastard**. It just won't turn.
このネジ、不良品だよ。回らないんだもん。

a mile off（わかりきった）

I could see that **a mile off**.
それはわかりきったことだったよ。

a tall order（無理な注文）

You want to do what! That's a bit of **a tall order**.
君は私にそこまでやって欲しいのかよ！　無理な注文だよ。

a teaser / a poser（当惑させる・工夫のいる仕事）

Mmm. Now that's **a teaser**. Not sure if I can help.
ええっと、それは難しいね。手助けできるかどうか、わからないなあ。

**a breeze / a piece of cake / a doddle /
a piece of piss / piss-easy / a doss**（簡単な）

That exam was **a piece of cake**.
あの試験は楽勝だったよ。

child's play （朝飯前）

Anyone can do that. It's **child's play**.
誰でもできるさ。朝飯前だよ。

(a) cushy (number) （簡単で楽な仕事）

My new job's really **cushy**.
今度の仕事はホントに楽だよ。

easy-peasy （超簡単な）

You can't do that? It's **easy-peasy**.
できないの？　超簡単だよ。

nice and （〈後に肯定的な意味の形容詞を伴って〉すばらしく〜である）

Well, that was **nice and** easy.
あれ、とっても簡単だったよ。

no joke / no picnic （シャレにならない、きつい）

I tell you. That course was **no joke**.
ああ、あのコースはシャレにならなかったよ。

no sweat / no problem （簡単な、楽々）

"Can you have this done by three?" "Sure. **No sweat**."
「3時までに、これできる？」「もちろん、余裕です。」

there's nothing to it （わけないことである）

What's wrong with you? **There's nothing to it**.
どうした？　なんでもないことだよ。

ticklish / tricky / fiddly （扱いにくい）

I'm not sure if I can do it. It's a bit of a **tricky** one, this.
できるかどうかわからないな。これはちょっと難しいな。

a devil of a （どえらい、ひどい）

We had **a devil of a** time finding this place.
この場所を見つけるのは、えらく大変だったよ。

dead easy/simple （すごく簡単）

That's **dead simple**. A child could do it!
そんなの超カンタン。子供だってできるでしょ！

easier said than done （言うは易し、行うは難し）

Hang on a minute! That's **easier said than done**, mate.
ちょっと待ってよ！　言うのは簡単だけど、するのは難しいんだぜ。

easy/gently does it （落ち着いて・丁寧にやりなさい）

That's it. **Easy does it**.
そうそう。丁寧にやれよ。

go easy on something （加減して、程ほどにしなさい）

Hey! **Go easy on the whisky**. That's the last bottle.
おい！そのウイスキー飲みすぎないでくれよ。最後のボトルなんだから。

a cinch （簡単にできること）

It's **a cinch**. Try it.
簡単だよ。やってみなよ。

6 危険についての日常表現 ⋯⋯⋯⋯ RISK

"It's a funny old world - a man's lucky if he gets out alive."
Walter de Leon & Paul M Jones, from the film "You're Telling Me."
「どんなことでも起こりうる世界。生きて切り抜けられたら幸運だね」
※文字通りには「生きて世界から脱出する」で、これは不可能であることと、実社会の不確実性を掛けている。

　最終試験で「危険とは何か」について、エッセイを書くことになったある大学生が、**"This is."**「こういうことです」とのみ書いて、最高の成績をとったという逸話があります。この一文は「危険」について端的に表現していると評価されたのです。

　人生は一つの大きな冒険です。どうにかして危険を避ける人もいる一方で、積極的に危険を求める人もいます。危険に夢中になってしまう人（ギャンブラー）さえいます。ただし人生において成功をおさめたいなら、多くの危険を冒さなくてはならないと私は思います。

　ここでは危険と確実性を表す表現について紹介していきます。

a long shot （ありそうにない）

It's a bit of **a long shot**, but I'm going a fiver on number 7.
まずありそうにないけど、7番に5ポンド賭けるよ。

a sure thing / a (dead) cert （本命）

That horse is **a dead cert** to win.
あの馬は本命馬だよ。

as a last resort （最期の手段として、結局）

We could go next week **as a last resort**.
結局、次の週に行けるね。

(as) sure as hell （きわめて確かだ）

I **sure as hell** don't want them to come on Saturday.
奴らに、土曜日に来てほしくないのは確かだ。

ask for trouble / push one's luck / stick one's neck out
（失敗を招く）

If we follow his plan, we are **asking for trouble**.
もし彼の計画に従えば、失敗を招くようなものだ。

balls / guts / bottle （勇気、ガッツ）

He wouldn't say that. He hasn't got the **balls**.
彼はそれを言わないだろう。勇気がないからね。

best bet （最もうまくいきそうな方法）

Your **best bet** is to go to the post office and ask there.
一番いいのは、郵便局に行って聞くことだね。

bet one's life on it （確信する）

I wouldn't **bet your life on it**.
確信はできないな。

dice with death （大きな危険を冒す）

You're **dicing with death** going out with her. Have you seen the size of her boyfriend?
彼女とデートするなんて、かなりヤバイよ。あの娘の彼氏の体格、見たことがある？

dicey （危険だ）

I wouldn't do that. It's a bit **dicey**.
私はそれをやらないだろうな。ちょっと危険だよ。

double or quits （前の損が倍になるか勝って元どおりになるかの勝負）

You jammy git! Right, one more time - **double or quits**.
おまえは運がいいな。もう一回だ、一か八かだ。

fancy one's chances （うまくいくと思う）

If you **fancy your chances**, why don't you have a go?
うまくいくと思うなら、やってみたら。

for sure （確かに）

She's coming **for sure**.
彼女は必ず来るよ。

I bet （〈皮肉な意味で〉きっと～だ）

"I'm going to ask her tomorrow." "**I bet**!"
「明日彼女に聞いてみるよ。」「きっと（しないだろう）ね！」

in the balance （不安定な状態にある）

The deal is **in the balance** at the moment.
取引は今、不安定な状態にある。

make certain （確かめる、確実にする）

Can you **make certain** she's coming?
彼女が来るか確かめてもらえますか？

mind out （気をつける）

I'd **mind out**, he sometimes bites strangers.
僕なら気をつけるね、こいつは時々知らない人にかみつくよ。

no hope / some hope / not a prayer （可能性がない）

You've **not a prayer** of winning the marathon.
マラソンじゃ、君は勝てないよ。

on the off-chance （もしかすると〜と期待して）

I'll pop round **on the off-chance** you are in.
君が来ていると期待して行ってみるよ。

on thin ice （危険な、微妙な状態で）

You're **on thin ice.** I'd be careful.
危ない状況にいるぞ。気をつけた方がいいな。

take the plunge （思い切ってやってみる）

I'm going to **take the plunge** and ask her out.
思い切って彼女をデートに誘ってみるよ。

think twice （〈考えを出す前に〉よく熟考する）

I'd **think twice** about doing that.
それをする前によく考えるだろう。

touch and go （危険な状態）

Apparently, the operation is **touch and go** at the moment.
あきらかに、手術は危険な状態だ。

a safe bet （確実なこと）

That looks like **a safe bet** to me.
僕には、それは確実だと思えるけど。

humanly possible （人間の力で可能な）

If it's at all **humanly possible**, let's go for it.
人間にできることだったら、やってみようよ。

7　迷信・運についての日常表現 …SUPERSTITION & LUCK

> *"Supertstition sets the whole world in flames, philosophy quenches them."*
> Voltaire 1694-1778 Dictionnaire philosophique.
> 「迷信は世界中を炎につつみ、知がそれを消し止める」

　イギリスにも多くの迷信があります。たとえば、不吉なのでハシゴの下はくぐりませんし、**"Touch wood"**（災難に遭われませんように）と言って、木製品を触ったりします。また、これは日本にもあるようですが、黒猫が目の前を歩いていたら（悪魔は、黒猫に姿を変えることを好みますから）不吉です。それに、もし塩をこぼしたら、それを右手で拾って、左肩越しに投げ捨てたりします。その他にも、たくさんの迷信があります。

　迷信は、科学者たちが物事を次々と解明するよりも前の時代に由来しています。宗教も迷信の一つの形式であり、宗教において人々は本質的に、人間を超えた何らかの存在を信仰しているのです。迷信は、人々が死や神の怒りを恐れるあまりに、破りがたい強力な習慣となったものです。私が言えるのは、次の引用です。「**あなたの知性をはずかしめるものは何も信じてはいけない。**」以下の表現は、迷信や運に関して、一般的に日常会話で使われるものです。

a cat in hell's chance / a hope in hell（可能性、見込み）

No one has **a cat in hell's chance** of winning the lottery.
宝くじなんて誰も当たんないよ。

fat chance（まず無理）

There's **fat chance** of her going out with you!
彼女はまず君とデートしないよ。

only hope and pray （強く望む）

You can **only hope and pray** she says yes.
君ができるのは、彼女がイエスと言うのを強く望むことだけだ。

for better or worse （いずれにしても）

For better or worse, I'm glad we moved out of that house.
いずれにしても、あの家から出られてうれしいわ。

have got it made （成功間違いなしだ）

He's **got it made**, the lucky sod!
彼は成功している。ラッキーな奴だ。

it can't be helped, but ... there it is.
（どうしようもない、でも仕方がない）

I know **it can't be helped, but ... there it is**.
どうしようもないのは、わかっているよ。でも仕方ないよ。

kiss of death （死の接吻、身の破滅を招くもの）

"There's no way England can lose now." "You've just given them the **kiss of death**."
「イギリスが負けるはずないよ。」「そんなことを言ったら負けてしまうぞ。」

Murphy's law / Sod's law
（物事は悪い方へと傾くことが多いという法則）

"When I drop my toast, why does it land butter-side down?" "It's called **Sod's law**."
「トーストを落とすと、いつもバターを塗った方が下になるのはなぜ？」
「なぜかそんなもんだよ。」

nothing short of a miracle （奇跡同然だ）

Nothing short of a miracle can help them now.
今彼らを救えるのは奇跡くらいだね。

on the cards （起こりそうだ）

It was **on the cards** they'd lose.
彼らは負けそうだったよ。

one-off / fluke （まぐれ）

That was a **one-off**. I bet you can't do it again.
それはまぐれだね。もう二度とできないよ。

saved by the bell （危機を逃れて）

Yes! **Saved by the bell**.
よかった。何とか逃れられたよ。

that's how(=the way) the cookie crumbles （そんなもんだよ）

Just accept it. **That's the way the cookie crumbles**.
受け入れなよ。まあ、そんなもんだって。

seal one's fate （運命が決まる）

Well, that's certainly **sealed his fate** now.
そうだね、それは確実に彼を運命づけたね。

tempt fate （命知らずの危険を冒す）

I wouldn't **tempt fate** if I were you.
私があなたなら、危険は冒さないでしょうね。

toss-up （五分五分、どちらでもいい）

For me it's a **toss-up** between the blue one and the red one.
青にするか赤にするかは、どちらでもいい。

as chance would have it （偶然にも）

As chance would have it, I met him only the other day.
ついこないだ、ばったり彼に会ったよ。

beginner's luck （初心者の幸運）

You jammy sod! **Beginner's luck**, mate, that's all.
おお、ついてるじゃないか！　ま、ビギナーズ・ラックってところだね。

by accident / by chance （偶然）

I found it **by accident**.
偶然それを見つけたんだ。

a close call （危機一髪）

That was **a close call**. She nearly caught me.
危機一髪だったよ。もう少しで彼女につかまるところだった。

come true （叶う、本当になる）

Well, if you believe in it hard enough, it might **come true**.
じゃあ、すごく強く信じていれば、叶うかもね。

given half the chance （少しでもチャンスがあるなら）

I would go, **given half the chance**.
少しでもチャンスがあれば、行くだろう。

chance it / chance one's arm （一か八か）

I certainly wouldn't **chance it**. It's too risky.
一か八かの勝負はしないな。危険は冒したくないから。

8 間違いについての日常表現 ……MISTAKES

"To err is human. To forgive, divine."
Alexander Pope 1688-1744 An essay on criticism.
「誤るは人の性、許すは神の技」(ポウプ)

　私たちは誰でも間違いを犯します。自分は完璧だと思い込んでいるような人々でさえも、間違えるものです。この項では、間違いや優柔不断、困惑などを表す日常会話の表現を紹介していきます。

near enough （〜も同然）

It fits **near enough**. Stop complaining!
それでいいよ。文句を言うの、やめてよ。

(as) near as dammit （ほとんど）

Well, it's **near as dammit**.
まあ、大方オーケーだね。

howler / slip-up / boob / fluff / clanger / boo-boo / goof-up / goof （まちがい、ヘマ）

How embarrassing! He's just made the biggest **howler**.
なんてはずかしい！　彼はとんでもないヘマをしたわ。

screw up / fuck up / cock-up / balls up / bugger up （間違える）

Well, you've really gone and **fucked up** now!
ねえ、大失敗したでしょ。

let slip （うっかり言ってしまう）

I couldn't help it. I just **let slip** that she's seeing someone else.
しょうがなかったんだ。彼女が他の誰かと付き合ってるって言っちゃった。

kick oneself （自分を責める）

I could've **kicked myself** when I let her secret slip.
彼女の秘密をばらしちゃった時、嘆いたよ。

muddle （ゴタゴタ、混乱）

Sorry, but I've got into a bit of a **muddle** with the accounts.
ごめん。計算にちょっと混乱したんだ。

not to worry! （ご心配なく、気にするな）

Not to worry! We all make mistakes.
気にするな、みんな間違いはするんだから。

put right （訂正、修正する）

Don't worry. I'll have it **put right** by the morning.
いいよ。朝までに直しておくから。

spot on / bang on （まったく正しい）

You were **spot on** about the result.
その結果について、君は完全に正しかったよ。

that's torn it （それで万事休すだ）

Now **that's torn it**! Try to be more careful in future.
それで万事休すだ。これからはもっと気をつけるんだな。

to a T （ぴったりの）

Excellent! It fits **to a T**.
すばらしい！　ぴったりだよ。

trial and error（試行錯誤）

This kind of thing is always **trial and error** at the beginning.
この手のものは、最初は試行錯誤の繰り返しだよ。

um and aah（口ごもる）

Stop **umming and aahing**! If you don't know, just say so.
口ごもらないで。わからないならそう言いなさい。

bang goes (something)（〜があっけなく消える）

Bang goes my chances of promotion.
僕の昇進のチャンスは、あっけなく消えたね。

bin something（〜を箱に入れる、捨てる）

If it's broken just **bin it**.
壊れているなら、捨てちゃえ。

by mistake（間違えて）

I sent it to him **by mistake**.
それ、間違えて彼に送っちゃったよ。

can't go wrong（失敗するわけがない）

You **can't go wrong** with a Macintosh computer.
マックのパソコンなら、間違いない。

clean forget（すっかり忘れる）

Shit! I **clean forgot** to call her.
しまった！　彼女に電話するのをすっかり忘れてた。

conk out / pack up（故障する）

I just touched this button and it **conked out**.
このボタンを触っただけなんだけど、壊れちゃった。

do's and don'ts（すべきこととしてはいけないこと → 慣例、規則）

You should familiarise yourself with the office **do's and don'ts** first. Then you won't make any mistakes.
まずは、オフィスの慣例を知っておくといいよ。そうすればうまくいくよ。

make a hash of something（台無しにする）

I just knew you would **make a hash of it**.
君がそれを台無しにするだろうってことぐらい、わかってたよ。

make a pig's ear (out) of（しくじる）

Well, you've **made a pig's ear out of** it, I can tell you.
ま、君はドジを踏んだってことだろうね。

make sure（確かめる、きっと…する）

Make sure it's sent by 5 o'clock.
必ず5時までに送ってくれ。

without fail（必ず）

I want it by next week **without fail**.
それを必ず来週までに手に入れたいんだ。

9 始まり・終わりについての日常表現…STARTING & STOPPING

"In my end is my beginning."
Mary, Queen of Scots 1542-87. Her motto.
「私にとって最期が始まりである」(スコットランド女王、メアリーのモットー)

この項では日常会話で使われている、始まりや終わりに関係した表現を紹介します。

call it a day（今日はここまで）

Let's **call it a day** and go home.
今日は終わりにして、帰りましょう。

curtains / the end of the line / the end of the road
（窮地、最期、どんづまり）

This is **the end of the road** for you!
これで君も終わりだ!

cut and run / make a move / make tracks / hit the road
（出る、帰る）

It's late. We should **make a move**.
もう遅いな。そろそろ行くよ。

end up (somewhere)（行き詰まる）

If we keep going, we're bound to **end up somewhere** soon.
このままじゃ、すぐに行き詰まるよ。

fire away（言い尽くす）

If you have any questions just **fire away**.
質問があるなら言ってください。

for starters / first off / for openers （まず初めに）

For starters, we need to address the problem of lateness.
まず初めに、遅延の問題についてお話ししましょう。

from scratch （初めから）

Well, we've screwed that one up. We'll have to start again **from scratch**.
それを台無しにしちゃった。初めからやり直さなくちゃ。

from the word go （まず最初に）

We need to be on our toes **from the word go**.
まず最初に、準備する必要がある。

give me a shout （一声かけて）

I've got a bit more to do. **Give me a shout** before you leave, will you?
僕はもうちょっとすることがあるんだ。行くときに一声かけてくれるかい？

history （過去）

Karen? She's **history**, mate.
カレン？　彼女は昔の女だよ。

hold it / hang on / hold one's horses （待つ）

Hang on a sec. I won't be a minute.
ちょっと待って、すぐだから。

jump the gun （フライングする）

Steady! Let's not **jump the gun**.
いいかい、フライングしないようにね。

Just coming! （今行くよ！）

"Dinner's ready!" "**Just coming!**"
「晩御飯だよ。」「今行くよ！」

kick off（始まる）

The meeting will **kick off** at ten.
その会議は 10 時に始まる。

leave off / give over / knock it off / cut it out / lay off / pack it in / leave it out / jack (something) in（やめる）

Jack it in or go to bed!
それをやめるか、さもなければ寝なさい！

make oneself scarce / leg it / take oneself off / scarper / run along / get the hell out of here（立ち去る、いなくなる）

She'll be back soon. We'd better **make ourselves scarce**.
彼女がすぐに戻るから、私たちはおいとまするよ。

off you go（行く、去る）

What are you waiting for? **Off you go**.
何してんの？　早く行きなよ！

on the/one's way（途中で）

She's **on her way**. She left about ten minutes ago.
彼女、まだ着いていないよ。10 分前に出て行ったばかりだから。

show up / roll up / pitch up（来る、顔を出す）

Good of you to **show up**.
来てくれてうれしいよ。

sit on something（手をこまねく）

He's been **sitting on that letter** for a week now.
彼はあの手紙を 1 週間もほおりっぱなしだ。

sleep on it （…を一晩考える）

I'll **sleep on it** and give you an answer in the morning.
一晩考えてから返事するよ。

slope off （逃げる、サボる）

I saw him just **slope off**.
彼が逃げていくのを見たよ。

snap out of it （態度、気持ちをパッと改める）

Snap out of it. You're not the only one, you know.
元気出せよ。（辛いのは）君だけじゃないんだよ。

snap to it / get cracking / get moving / get a move on / get going （急ぐ）

We should **get moving**. Time waits for no man.
急がないと。時は待ってくれない。

want out （〈企てなどの〉仲間から抜けたがる）

If anyone **wants out**, now is the time to say.
辞めたいんなら、今言ってよ。

wind up / wrap up （終える、けりをつける）

I think we should **wind** things **up** now.
そろそろけりをつける頃だ。

what is one waiting for? （さっさと次へ進もう）

Well, **what're you waiting for**? Let's go.
さぁ、ぐずぐずしないで、さっさと次へ進もうよ。

wait and see （焦らずに成り行きを見る）

You'll just have to **wait and see**. Patience is a virtue, you know.
成り行きを見た方がいいよ。忍耐は美徳なり、だからね。

:10: 動きについての日常表現 ……………MOVEMENT

"The poetry of motion!"
Kenneth Grahame 1859-1932 The Wind in the Willows.
「詩のように荘厳な動き」(グレハム)

人や動物などのあらゆる動きに関する表現を紹介します。

traipse （ぶらつく）

I've been **traipsing** all over town today.
今日は町中をぶらついた。

lug （苦労して運ぶ）

Here, you take it. I've been **lugging** it for long enough now.
ここから君の番だ。僕はもう十分運んだ。

hike （遠い道のり）

It's a bit of a **hike** out to your place, isn't it?
君のところまでは、かなりあるね。

bung / sling （放り投げる）

Just **bung** it on the bed.
ベッドの上に放り投げておいて。

shove it in there （〈物を〉入れる）

Just **shove it in there** for now.
さしあたり、そこに入れておけよ。

plonk （ドシンと腰を下ろす）

Plonk yourself down over there.
そこにどっかり腰を下ろせよ。

slosh（はねとばす）

You're **sloshing** wine everywhere!
そこら中にワインをはねとばしているぞ！

in one's way（道をふさいで）

Excuse me, you're **in my way**. Thanks.
すみませんが、道をふさいでいます。どうも。

pop round（ひょいとやってくる）

Is it all right if I **pop round** tomorrow?
明日、ひょっこりやってきてもいいかい？

in full swing（たけなわで）

You should come now. The party's **in full swing**.
今すぐ来いよ。パーティーは今、たけなわだよ。

get into the swing of（…に慣れてうまくいくようになる）

You'll soon **get into the swing of** things round here.
すぐにここに慣れてうまくやれるさ。

take steps（行動を起こす）

We have to **take steps** to prevent crime in our
neighbourhood.
この辺りの犯罪防止のために行動を起こすべきだ。

sit tight / stay put（じっと動かないでいる）

Just **sit tight** and wait for me to get there.
じっとそこから動かずに、私が行くまで待っていなさい。

all over the place（そこら中、乱雑で）

Her driving is **all over the place**. Look!
彼女、蛇行運転をしているよ。見て。

lift（人を車に乗せてやること）

Could you give me a **lift** to the station?
駅まで車に乗せてくれませんか？

U-ey（U ターン）

Just do a quick **U-ey** and go back the other way.
急いで U ターンして、引き返そう。

road-rage（悪い運転マナーから起こる怒り、けんか）
※近年イギリスで急増している傾向です。

Has **road-rage** hit Japan yet?
日本は運転マナーの悪さによる激情現象の影響をすでにうけていますか？

go through a red（赤信号を無視する）

That car just **went through a red** light!
あの車、赤信号を無視して行ったよ。

pick up speed（速度を増す）

The project seems to be **picking up speed** now.
そのプロジェクトの進捗度合いは早くなったようだ。

dead still（まったく動かないで）

Just keep **dead still**.
絶対に動くなよ。

get nowhere（徒労に終わる）

We are **getting nowhere** with this.
これは、やっても無駄になりそうだな。

get there in the end（目的を達する）

Don't give up. You'll **get there in the end**.
あきらめるなよ。きっとうまくいくよ。

beeline （直行する）

Let's make a **beeline** for that tower.

あのタワーに直行だ。

Has road-rage hit Japan yet?

11 愚かさについての日常表現 ……………STUPIDITY

"There's a sucker born every minute."
Attributed to Phineas T. Barnum 1810-91.
「この世は愚か者で溢れている」(バーナム)

オックスフォード英語辞典の編纂者たちが、この辞書から **gullible**(騙されやすい)という単語をすべて抜いたことをみなさんは知ってますか?

誰もがあなたのように賢いわけではなく、世の中にはたくさんの騙されやすい人々がいます。イギリスではエイプリル・フールの日に、メディアでさえも大衆に向けて冗談を込めたいたずらをします。この項では、愚かでばかばかしい行為についての表現を紹介します。

(right/proper) Charlie / right one (アホ、ばか)

He made a **right Charlie** out of me.
彼は私をばかにした。

as much use as a chocolate fireguard (ほとんど役に立たない)

You're **as much use as a chocolate fireguard**!
おまえ、ホントに使えないなあ!

useless / chinless / wet / hopeless / pathetic / a duffer / a drip / a shower (だらしない、ボケ)

You really are quite **hopeless**, aren't you?
ホント、だらしないわね。

as sharp as a tennis ball (鈍感)

He's **as sharp as a tennis ball**.
彼はかなり鈍感だ。

pig/bog-ignorant（無知）

Ignore him. He's just **bog-ignorant**.

奴なんかシカトしろよ。何も知らないんだから。

faff around / prat about / play silly buggers / piss about（ぐずぐずする）

Stop **playing silly buggers** and get back to work.

ぐずぐずしてないで仕事に戻りなさい。

fall for (it)（騙される、引っかかる）

I don't see how you could've **fallen for it**. It's so obvious.

なんで君がそんなのに騙されるのかわからない。もろ怪しいじゃん。

gormless / thick / dim / dozy / thickie (thicko)
（愚かな、〈頭の〉鈍い）

He's a **dozy** git at times.

彼は時々バカをやるよね。

half-arsed（でたらめに、質の低い）

Why do you have to do everything **half-arsed**?

なんですべてをでたらめにやらなくちゃいけないの？

have two left feet（ぎこちない、〜が下手だ）

Don't ask me to dance. I**'ve got two left feet**.

私をダンスに誘わないでよ。ダンスは苦手なの。

in a world of one's own（自分の世界に住んでいる）

It's no use. She's **in a world of her own**.

無駄だよ。彼女は自分の世界に入っているから。

it takes all sorts（十人十色）

Well, they say **it takes all sorts** to make the world.

世の中にはいろいろなものの考えや人がいるものだ。

lazy-bones / loafer / bum / slacker / layabout / skiver / bone idle （怠け者、どうしようもない奴）

You are such a **loafer**. Isn't it time you found a job?
あんたってひどい怠け者ね。いい加減、仕事を見つけたら。

muggins here （とんまな私）

...and **muggins here** was left with the house to clean up!
とんまな私が残されて、家の掃除をする羽目になった。

no shit, Sherlock! 《たわごとはよせよ、名探偵さん》周知のことだ）※皮肉

No shit, Sherlock! How did you work that out?
あたりまえだよ。どうやって解決したんですか？

none too clever （バカなこと・人）

What you said was **none too clever**, you know.
君の発言はかなり馬鹿げたことだったよ。

pushover （すぐに説得されてしまう弱い人）

Don't be such a **pushover**. Stand up for yourself.
そんなすぐに負けるな！もっと強くなれ。

rag / kid / pull someone's leg / rib / take the mickey / wind someone up / have someone on
take the piss out of / pull someone's pisser/plonker
（足を引っ張る、からかう）

Don't listen to him. He's just **pulling your plonker**.
彼の言うことを聞いちゃダメよ。からかっているだけなんだから。

round the twist / daft as a brush （気が狂って）

Are you **round the twist** or what?
気でも狂ったの？

silly Billy / twit （おばかさん）

Don't be such a **silly Billy** and give it to me.
バカな真似はよせ、そいつをこっちによこせ。

swallow （鵜呑みにする、たやすく信じる）

Sorry, but I don't **swallow** that one.
ごめん、でもそれを信じることはできないな。

do no good （無駄である）

It will **do** you **no good** to complain. It was your own stupid fault.
文句を言っても無駄だよ。お前が自分でバカな間違いをしたんだから。

Section2　Daily English in the Environment

環境を表す日常英語

　この項では、自然とその要素、そして時間、数、色などといった環境に関する日常表現を紹介します。

　現在、自然環境が直面している問題は、人間の活動によって引き起こされたものです。基本的に、現在の世界人口は、全員が快適に生活するには多すぎるのです。全体主義や資本主義のせいにする人が大勢いる一方で、この問題は誇張されすぎていると主張する人もいます。しかし実際には、世界人口の過多が、飢餓やオゾン層の破壊、森林伐採、干ばつ、地球温暖化、戦争、失業など、多くの問題を引き起こしてきたことはあきらかだと思います。

　今日の環境の状態を示す話はたくさんあります。その中でも、環境に関する印象的な話を紹介します。「地球の始まりから今日までの歴史が、6日間に縮められたと想像してください。すると一日は、6億6千6百万年に相当します。恐竜は、6日目の午後4時に出現し、午後9時に絶滅しました。人間は真夜中0時になる3秒前に現れ、キリストは0時の1/4秒前に降誕しました。産業革命は0時の1/40秒前に起こり、人類が現在の状態に至るまでに、真夜中0時から1/40秒も経っていないのです。近年、1/40秒の間に私たちがしてきたことが、永遠に続くと思い込んでいる人々が私たちの周りにたくさんいます。そういった人々は自分たちを正常だと思い込んでいますが、実際のところは、うわ言を言っている完全なばか者なのです。」このような時間の縮尺で、あともう1秒間同じことをやり続けるなんて、人類にできるはずがありません。

　とにかく、日常会話にも環境やその要素に関する表現がたくさん使われています。

1 自然とその要素に関する日常表現 ····NATURE & THE ELEMENTS

"Nature does nothing without purpose or uselessly."
Aristotle 384-322 BC Politics
「自然のすることには、必ず目的または益がある」(アリストテレス『政治学』)

　「四大要素、つまり土・空・火・水は宇宙を構成する破壊不可能な物質だ」と言ったのは、エンペドクレス（Empedocles, 493BC － 433BC）でした。この項には、自然とその要素に関する語を含んだ多くの日常会話表現を集めました。

bucket down （どしゃ降り）

It looks like it's going to **bucket down**.
どしゃ降りになりそうだね。

drenched （ずぶぬれになる）

I got **drenched** on the way to the station.
駅に行く途中、ずぶぬれになった。

slippy （すべりやすい）

Be careful. The path is a bit **slippy**.
気をつけてね。道がちょっとすべりやすいから。

a drop in the ocean （大海の一滴）

We actually need £100,000. The £5,000 he offered is really **a drop in the ocean**.
10万ポンド必要なんだ。彼が出した5千ポンドなんて大海の一滴だよ。

air-kissing（キスのまねをする）

I hate all this pretentious **air-kissing** thing.
こうやって、もったいぶってキスのまねごとをするの、嫌いなのよね。

cool（かっこいい、素敵だ）

"So, what do you think?" "I think it's **cool!**"
「どう思う？」「いいねえ。」

get one's/the drift（相手の言いたいことがわかる）

Ah! Now I **get your drift**.
あーっ。君の言いたいことがやっとわかったよ。

grasp the nettle（進んで困難に立ち向かう）

You've got to **grasp the nettle** if you want to succeed.
成功したいなら、進んで困難に立ち向かわないと。

be in one's element（あるべきところにある、適材適所）

She's really **in her element** teaching.
彼女は教えている時、生き生きしている。

invade one's space（人のプライバシーに侵入する）

Can you move over there? You're **invading my space** here.
向こうへ行ってくれる？　私に近寄りすぎてるわよ。

no earthly reason（現実的な理由もなく）

I can see **no earthly reason** why I should let you go there.
君をそこへ行かせる確固たる理由は見当たらないな。

stay/keep cool（落ち着けよ）

Hey, man. Relax. **Keep cool**.
おいおい。リラックスしろよ。落ち着いて。

bogged down （はまる、停滞する）

I've been **bogged down** with this job all week.
今週はずっとこの仕事に手こずってたよ。

get/be fired （首になる）

If you carry on being late, you'll **get fired**.
遅刻が続くと首になるよ。

be snowed under （とても忙しい）

We've **been snowed under** all week.
ずっと忙しかったよ。

chill out （リラックスする）

I'm just going to **chill out** tonight and watch the telly.
今夜はゆっくりとテレビでも見ようかな。

cover a lot of ground （仕事を適切に処理する）

Today, I'm hoping to **cover a lot of ground**, so I think we should get started.
今日は、予定の仕事をこなしたいから、もう始めるよ。

feel as right as rain （すっかり元気で、回復して）

Fine, thanks. I **feel as right as rain** now.
元気だよ、ありがとう。すっかり良くなったようだ。

go with the flow （流れに身を任す）

Let's just see what happens and **go with the flow**.
流れに身を任せてどうなるか見てみよう。

hold water （筋道が通る）

Your argument doesn't really **hold water**, does it?
あなたの議論はあまり筋道が通ってないね。

live on the moon （〈月で暮らしているように〉事情に通じていない）

You must be **living on the moon**! It costs twice that much these days.
何も知らないのね。最近は物価も倍になったのよ。

without a shadow of a doubt （疑いなく）

He's going to win **without a shadow of a doubt**.
間違いなく彼が勝つね。

in the air （肌に感じられて、近々起こりそうで）

I can just feel it **in the air**.
なんだかそんな予感がするんだ。

water down （水で割る）

Could you **water** this **down** for me? It's a bit strong.
これ、水割りにしてもらえるかな。ちょっと強いよ。

2 時間に関する日常表現 ……………TIME

"Sed fugit interea, fugit inreparabile tempus."
(But meanwhile it is flying, irretrievable time is flying.) Virgil 70-19 BC Georgics
「しかしその間にも時は飛んでいる、取り戻すことのできない時は飛んでいるのだ」
※ "Time flies"（光陰矢の如し）はこの引用文からきています。

　時間は変化の dimension（側面）であり、変化しない"空間"とは違うということは、誰もが知っています。時間は私たちの日々の生活にとって大切なものですから、時間に関連する会話表現はたくさんあります。

a month of Sundays（長い間）

You'll never be able to do that, not in **a month of Sundays**.
長い時間をかけても、君にそれはできないだろう。

about time（…してもいい頃）

It's **about time** you grew up and acted your age.
そろそろ大人になって年相応の振る舞いをしてもいい頃よ。

after the break（CM の後で）

We'll be back with the sports news **after the break**.
CM の後でスポーツニュースをお送りします。

around the clock（24 時間）

That bar is open **around the clock**.
あのバーは 24 時間営業をしている。

at (long) last（やっとのことで）

There you are. **At long last**!
やっとのことで来たわね。

at the best of times （最良の時にあっても、いつでも）

He's never awake **at the best of times**.
一番調子のいいときでも、彼の頭が冴えたためしがない。

at the same time （同時に）

At the same time, could you copy this for me?
それと…これもコピーしてくれない？

behind the times （時代に遅れた）

You're a bit **behind the times**, aren't you? That's old news.
君はちょっと遅れているね。それは過去のニュースさ。

for good （永遠に）

I hear she's left the country **for good**.
彼女は永遠に国を去ったそうだ。

for the time being （当座、当面は）

We'll have a bottle of wine **for the time being**.
さしあたり、ワインを一本もらいます。

getting on （遅くなる）

We should go. It's **getting on**.
行きましょう。遅くなるわ。

getting on for x (o'clock) （×時に近づく）

Look at the time! It's **getting on for ten**.
時間を見て。そろそろ 10 時よ。

it is high time （機が熟した頃、とっくに…すべき時）

It's high time you learnt to cook for yourself.
とっくに自炊ができてもいい頃ですよ。

jiffy / tick / mo / sec / minute （ちょっとの間）

I'll be there in a **jiffy**.
すぐに行きます。

straight/right away （直ちに）

He wants you to do it **straight away**.
彼は君に、すぐにそれに取りかかってほしいと望んでいる。

no time to lose / time is running out （時間がない）

Come on! There's **no time to lose**.
さあ、時間がないんだ。

not for a second （一瞬も）

I didn't believe him ... **not for a second**.
一瞬たりとも彼のことは信じなかった。

out of date （有効期限が切れた）

This coupon is **out of date**.
この割引券は有効期限が切れているわ。

pushed for time （時間がなくて困っている）

Sorry, I'm a bit **pushed for time** at the moment. I'll do it later.
ごめんなさい。今、時間に追われているの。それは後でやるわ。

just a minute/sec/mo （ちょっと待って）

Just a minute. I'll see if we've got one.
ちょっと待って。あるかどうか確かめるから。

take one's time （ゆっくりやる）

There's no hurry. Just **take your time**.
急ぐことはないよ。ゆっくりやりなさい。

and about time too （もうすでに遅い）

"Coming!" "**And about time too!**"
「行くよ！」「もう遅刻だぞ！」

by the hour （1 時間単位で）

They charge you **by the hour** there.
あそこは 1 時間ごとに料金がかかるよ。

by the time （…するまでに）

By the time you're finished, the shops will have shut.
君が終わるのを待っていたら、店が閉まっちゃうよ。

close on （ほとんど）

It's **close on** three o'clock.
もうすぐ3時だよ。

dead on time （時間ぴったりに）

He arrived **dead on time**.
彼は時間ぴったりに現れた。

early days yet （どうなるかまだわからないから、心配するな）

Not to worry. It's **early days yet**.
心配することはないよ。まだ始まったばかりだし。

early-closing day （午後閉店日）

Wednesdays are **early-closing days**.
水曜日の午後は閉店なんです。

first thing (in the morning) [last thing (at night)]
（朝一番に［夜一番最後に］）

I'll do it **first thing in the morning**.
朝一番にそれをやるよ。

for some time （しばらくの間、かなりの間）

I haven't seen her **for some time** now.
彼女には、ここしばらく会っていない。

from now on （今後は）

From now on we do it my way.
今後は私のやり方に従ってもらいますよ。

give or take (x years) （プラス・マイナス x 年くらい）

He must be 40, **give or take a few years**.
彼は 40 歳くらいのはずだよ。プラス・マイナス 2、3 年の違いはあるかもしれないけど。

half the time （しょっちゅう、持ち時間の半分は）

That's the problem. **Half the time** you say 'yes' and the rest of the time you say 'no'.
それがいけないんだよ。ある時は「いいよ」って言っておいて、またある時には「いやだ」って言うのがさ。

happy hour （ドリンクが安い時間）

If we hurry, we'll get there for **happy hour**.
急げば、ハッピーアワーにそこに着くよ。

have got a (year) to go （もう一年）

Tom**'s got a year to go** at university.
トムにはもう一年大学生活がある。

late in the day （今日はもう遅い）

It's a bit **late in the day** for that!
それをやるには、今日はちょっともう遅いでしょ！

later on （後で）

I'll do it **later on**.
それは後でやるよ。

pass the time（暇をつぶす）

I suppose it's one way to **pass the time**.
そういう暇のつぶし方もあるよね。

quality time（人と交流する時間）

I want to spend more **quality time** with the kids.
子供と一緒にすごす時間がもっと欲しい。

take/be a matter of seconds（すぐ、ものの数秒）

It'll only **be a matter of seconds**.
ものの2、3秒だよ。

the best part of an hour（ほとんど1時間近く）

He's been doing that for **the best part of an hour**.
彼はもう1時間近く、ずっとそれをしてるよ。

any time now（今にも）

It'll start **any time now**.
もういつ始まってもおかしくないよ。

at x o'clock sharp（x 時きっかりに）

Be there **at two o'clock sharp**.
2時きっかりに、そこにいてくれ。

at the time（その時）

At the time, he looked happy enough.
その時、彼は幸せそうだったよ。

of all time（古今を通じて稀にみる）

That was the best goal **of all time**.
滅多に見られないすごいゴールだったよ。

3 速さに関する日常表現 ·········· SPEED

> *"Half our life is spent trying to find something to do with the time we have rushed through life trying to save."*
> Will Rogers 1879-1935 from a letter to the New York Times 29th April.
> 「我々の人生の半分は、時間を節約しようと人生を急いで通り過ぎてしまった時間に関して、
> 何かを見つけようとすることに費やされる。」(ウィル・ロジャース)

　取り掛かろうと思っていることをすべて成し遂げるのに、十分な時間がないと感じることがしばしばあります。私たちの生活には、時間の利用や節約に役立つ（と、私たちが思い込んでいる）ちょっとした道具があふれています。一日は 1440 分ありますが、私たちは実際にどのくらいの時間を節約できているのでしょうか。エレベーターの閉じるボタンが、本当に時間をいくらかでも節約してくれているのでしょうか。とは言え、電子手帳は、私のお気に入りです。以下に、日常会話で使われる、速さに関するたくさんの表現を紹介します。

bomb （〈車が〉猛スピードで走る、とてもうまくやる）

We seem to be **bombing** along now.
今私たち、うまく進んでいるようね。

chop-chop （早く早く）

OK everyone. **Chop-chop**. Time to go home.
さあ、みんな。急いで急いで。家に帰る時間だ。

dead slow （超低速で）

That car in front is going **dead slow**.
あの前の車は超のろのろ運転だ。

flat out （とても忙しい）

We've been **flat out** since lunch time.
昼食時から、ずっと忙しい。

full pelt （全速力、まっしぐら）

I ran **full pelt** to get here on time.
ここに時間通りに着くよう、全速力で走ってきた。

go-slow （怠業、サボタージュ）

The dustmen are on a **go-slow** this week.
清掃作業員は今週サボタージュをしている。

keep pace （肩を並べる）

We have to **keep pace** with the market leaders.
市場のリーダーたちと肩を並べなくてはならない。

nippy （すばしこい）

Arsenal's new winger is pretty **nippy**.
アーセナルの新しいウイングはかなり動きがすばやい。

PDQ(= pretty damn quick) / pronto （早急に）

Can you finish this **PDQ**?
早急にこれを終わらせてくれる？

shift （速く走る）

Wow! This car can **shift**.
うわあ、この車は速いね。

shit off a shovel （とても速く走る）

My new bike goes like **shit off a shovel**.
僕の新しいバイクは非常にスピードが出る。

slow [quick] off the mark
（飲み込みが・何かをするのが遅い［早い］）

> He's a bit **slow off the mark**, don't you think?
> 彼はちょっと飲み込みが遅いと思わないかい？

slowcoach （のろま）

> I want no **slowcoaches** in my office.
> 我が社にのろまはいらない。

slowly but surely （急がば回れ）

> I'm doing it. **Slowly but surely**!
> 今やっているところ。急がば回れって言うでしょ！

4 色に関する日常表現 ················ COLOUR

"The rainbow comes and goes, And lovely is the rose."
William Wordsworth 1770-1850 :Ode. Intimations of Immortality
「虹はたちまち消えてしまう　薔薇の花こそ美しきもの」(ワーズワース『頌歌・不死の暗示』)

　色は日常会話において重要な役割を果たしています。以下に **colourful**（色とりどりの）語を含む表現を紹介します。

a white lie （罪のない嘘）

I had to tell **a white lie**, otherwise she wouldn't let me come.
彼女が来させてくれないと思って、悪意はないけれど嘘をつかなければならなかった。

colourful past （多彩な・スキャンダラスな過去、経歴）

He seems to have had a **colourful past**.
彼は多彩な過去を過ごしていたようだ。

with flying colours （堂々と、大成功で）

She passed the exam **with flying colours**.
彼女はその試験にみごと合格した。

local colour （地方色、固有色）

We need to add a touch of **local colour** to the brochure.
カタログに地方色を加える必要がある。

see the colour of someone's money （前金で払う）

Come on. Let's **see the colour of your money**.
さあ、先に払ってくれ。

things are looking black （見通しが暗い）

Things are looking black with this recession.
不況のせいで見通しが暗いな。

out of the blue （突然現れる）

I'm not sure where it came from. It just appeared **out of the blue**.
それがどこから来たのかわからない。いきなり現れたんだ。

be in the red [black] （赤字［黒字］を出す）

I hate **being in the red**. I need a bigger salary.
赤字を出すのは嫌なんだ。もっと収入が必要だ。

black-out （停電、意識不明）

I missed the end of the show because of the **black-out**.
停電のせいで番組の最後を見逃しちゃったよ。

a grey area （知識や情報の曖昧な部分）

That's a bit of **a grey area** at the moment.
それは今のところ、どちらとも言えない。

as white as a sheet / be off colour （顔面蒼白で）

You look **as white as a sheet**.
顔が真っ青だよ。

black ice （〈路面と同じ色で危険な〉黒氷）

Drive slowly. There's a lot of **black ice** about this morning.
ゆっくり運転しなよ。今朝はあちこちの路面が凍ってるから。

black sheep （面汚し、持て余し者、異端者）

He's the **black sheep** of the family.
彼は一家の面汚しだ。

blue in the face （無駄な努力で精魂尽きはてて）

I kept on asking him until I was **blue in the face**.
こっちがもうクタクタになるまで、彼を問い詰めた。

blue joke （猥談）

I thought there were too many **blue jokes**.
下品な冗談を言いすぎだと思いました。

browned off （うんざりした）

I'm **browned off** with this. I'm off.
これには嫌気がさした。もう帰るよ。

feel blue （憂鬱で、悲しい）

I'm **feeling** a bit **blue** today.
今日はちょっとウツ入ってるんだ。

give the green light （許可を与える）

We've been **given the green light**. We can start on Monday.
許可が降りたよ。月曜には始められるぞ。

once in a blue moon （めったに…しない）

He visits **once in a blue moon**.
彼はめったにやって来ないよ。

red tape （官僚的形式主義）

There's a lot of **red tape** to get through.
たくさんの面倒な手続きを踏みます。

red-light district （売春街）

I wouldn't mind checking out the **red-light district**.
売春街を見てみようと思うんだけど。

silver surfer（インターネットを使う老人）

My gran is a **silver surfer**, you know.
僕のおばあちゃんはインターネットを使えるんだよ。

the black market（闇取引）

You get a better exchange rate on **the black market**.
闇取引なら、いいレートで両替できるよ。

the golden rule（黄金律、基本原理）

The golden rule around here is never be late.
ここでの鉄則は、絶対に遅刻しないってこと。

be colourless [colourful]（地味な、生彩のない［派手な、興味深い］）

He**'s** a very **colourful** chap.
彼はすごく興味深い男だよ。

have one's views coloured by（…で誰かに影響を及ぼす）

His views have been coloured by his wife.
彼は奥さんにかなり影響されちゃってるよね。

5 数に関する日常表現⋯⋯⋯⋯NUMBERS

"Someone told me that each equation I included in the book would halve the sales."
Stephen Hawking 1942- A Brief History of Time.
「私がこの本の中に書いた方程式の一つ一つが売り上げを減らすよと言われたよ」(スティーブン・ホーキング『時間の略史』)

　数も私たちの日常生活では、大変重要です。現代の科学の世界を覗いてみると、宇宙を制御し、私たちの存在自体を左右している非常に重要な数字が6つあります。まず1つ目は **N（ネイチャー）= 1,000,000,000,000,000,000,000,000,000,000,000,000** という数字です。これは、原子を結合させている電気の力の強さで、もしこの数字があと少しでも小さかったら、宇宙はもっとずっと小さくて私たちは昆虫くらいの大きさしかなかったでしょう。2つ目は、**ε（エプシロン）= 0.007** です。この数字は核を結び合わせています。もしも1000分の1の違いがあったら、私たちはこの世に存在していません。3つ目は、**Ω（オメガ）** です。これは宇宙にどのくらいたくさんの物質が存在するか教えてくれる数字です。もしその値が大きすぎたら、宇宙は崩壊してしまうでしょう。それから**λ（ラムダ）**、この数字は宇宙の広がりを制御しており、小さな数ですが、そうでなかったら銀河系の形成を止めてしまっていたでしょう。5つ目は、**Q = 10万分の1** です。これは宇宙の構造を制御しています。これが宇宙を穏やかにしてくれています。これより少しでも小さかったら、宇宙は死んでしまうでしょうし、少しでも大きかったら宇宙は住みにくい場所になっていたでしょう。そして最後に挙げるべきは、**D = 3** という数字です。これは空間を作る要素（時間は含まない）の数を表しています。さあ、これで数字がどうして重要なのかがわかりましたか？

　以下に、数字を含む多くの表現を紹介しています。

a hundred and one reasons （多くの理由）

I can think of **a hundred and one reasons** why you can't go there.
君がそこに行けない理由はごまんと考えられるよ。

one's opposite number （対等の肩書きの人）

Have you met Tom, **my opposite number** over at the BBC?
トムに会ったかい、僕と対等の肩書きを持つ BBC の人さ。

at first sight （一目で）

I fancied you **at first sight**.
君に一目ぼれした。

dot.com.billionaires （インターネットで富を築いた人）

There are not as many **dot.com.billionaires** as there used to be.
インターネットで富を築いた人は、かつてほどいない。

fifty-fifty / halves （折半にする）

Why don't we go **fifty-fifty**?
折半にしない？

in round numbers （概数で）

Could you give me the results **in round numbers**, please?
端数を切り捨てて、結果を教えてくれませんか。

I've told you a million/hundred times
（口を酸っぱくして言っている）

I've told you a million times not to exaggerate!
大げさに言うなって 100 万回も言っているでしょう。

not a hundred miles away（そう遠くない）

He's in the blue coat, **not a hundred miles away** from here.
彼はここからそう遠くないところにいる青いコートの人だ。

one in a thousand（千に一つ）

For that to happen must have been **one in a thousand**.
そんなことが起こるのは千回に一回くらいのもんだ。

safety in numbers（数が多いほうが安全）

Let's stick together. There's always **safety in numbers**.
団結しよう。いつも数が多いほうが安全だ。

second nature（習性）

It's **second nature** for dogs to do that.
そんなことをするのは犬の習性だ。

meet halfway（ある程度認める）

It's only fair that you **meet** her **halfway**.
彼女の言うことをある程度認めてもいいんじゃないか。

put two and two together（推論する）

I think he's **put two and two together**. We should stop seeing each other for a while.
彼は私たちのことに感づいたはずだ。しばらく会うのはやめにしよう。

two-timing（二股をかける）

I've heard that Nick's **two-timing** you.
ニックはあなたに二股をかけているって聞いたよ。

once too often（度を超す）

You've done that **once too often**!
おまえは何回やったら気が済むんだ！

nine times out of ten （十中八九）

He gives the ball away **nine times out of ten**.
彼はまず間違いなくボールを奪われるね。

to name only a few （ほんの２、３例を挙げると）

Wordsworth, Keats, Shelley **to name only a few**.
何人か例を挙げるなら、ワーズワース、キーツ、シェリーなんかだね。

Section3　Daily English - People and Society
人と社会に関する日常英語

"From each according to his abilities, to each according to his needs."
Karl Marx 1818-83 Critique of the Gotha Programme.
「能力により、その要求も千差万別」（カール・マルクス）

　この項では、人々、家庭、言語に始まり、犯罪や暴力、教育、娯楽などの社会の側面、さらには、イギリス国民とそのペット事情について見ていくことにしましょう。

① 言葉に関する日常表現 ……………LANGUAGE

"To God I speak Spanish, to women Italian, to men French and to my horse German."
Attributed to Emperor Charles V 1500-58.
「私は神に向かってはスペイン語で話し、女性にはイタリア語で、男性にはフランス語で、
そして私の馬にはドイツ語で話しかける」（チャールズ5世の言葉とされている）

ヴィットゲン・シュタインはかつてこのように書きました。「…わからないことの前では、ただ沈黙しなさい。」素晴らしい忠告です！世の中には、この忠告を心に止めるべき人がたくさんいます。この項は、言葉や単語の種類を表す表現と、言葉や単語という語句を含む表現を紹介します。

a dead language（死語）

Why do we have to study Latin? It's **a dead language**.
なんでラテン語なんか勉強しなくちゃいけないの？　もう死語だよ。

a dirty word（卑猥語、みだらな言葉）

You said **a dirty word** there.
そこで卑猥な言葉を言ったでしょ。

broken English（片言の英語）

I'm sorry, but I can speak only **broken English**.
すいませんが、片言の英語なら話せます。

lingua-franca（共通語、仲介語）

English is the **lingua-franca** used at the United Nations.
英語は国連の共通語だ。

the operative word （最適の語）

The operative word here is *style*.
ここでうってつけの文句は〝スタイル〟だ。

choose/weigh one's words carefully （言葉を選ぶ）

You'd better **choose your words carefully**!
言葉に気をつけたほうがいい。

I don't believe a word of it （信じないよ）

You won a million pounds? **I don't believe a word of it**.
百万ポンド当たったって？　信じないよ。

in a word （要するに、一言で言えば）

In a word, no! You can't have one.
要するに、ダメ。飼うことはできないよ。

in other words （つまり、要するに）

So, **in other words**, if it weren't for him, you'd go?
つまり、彼のためじゃなかったら行くでしょ？

lost for words （言葉を失う）

When he took all his clothes off, we were **lost for words**!
彼が服を全部脱いだ時、言葉を失った。

mum's the word （秘密だよ）

Remember. **Mum's the word**. This is top secret.
いいかい。誰にも言っちゃダメだよ。トップシークレットだからね。

not in so many words （〈そこまで〉はっきりと・露骨にではないが）

"Did she say so?" "**Not in so many words**, but that's what she meant."
「彼女がそう言ったの？」「言葉どおりではないけど、まあそんな感じのことをね。」

small talk（ちょっとした雑談）

I don't like going to parties because I'm terrible at **small talk**.
パーティーには行きたくないな。おしゃべりは苦手なのよ。

spread the word（話を広める）

We're having a surprise party for George, so, **spread the word**.
ジョージのためにビックリパーティーを開くから、この話をまわして。

the word (on the street) is（噂では）

The word is that you are in for promotion.
君が昇進するって噂だよ。

give one's word（誓う）

I **give** you **my word**. It's true.
誓って、それは本当だよ。

go back on / break one's word（約束を破る）

I don't trust you. You **broke your word** last time, too.
あなたを信用しないわ。前回も約束を破ったし。

take one's word for it（人の言葉を信じて本当だと思う）

You can't **take his word for it**!
彼の言葉を信じちゃダメだよ。

talk the same language（お互い理解しあう）

I don't think we are **talking the same language** here.
お互い理解しあっているとは思わない。

too (adjective) for words（言葉では表せない）

It was **too** beautiful **for words**.
言うに言われぬほど美しかった。

pick up a language （言葉を習得する）

She's great at **picking up languages**.
彼女は言葉を覚えるのが早い。

waste words on someone （言っても無駄だ）

I wouldn't **waste words on him**.
彼には言っても無駄だろうから、言わないよ。

watch one's language （言葉使いに気を付ける）

Johnny! **Watch your language**, young man.
ジョニー、言葉に気をつけなさい。君。

word perfect （完璧に暗記する）

She recited the poem **word perfect**.
彼女はその詩を完璧に暗記した。

words fail me （言葉が出ない）

I'm sorry, but **words** just **fail me**!
ごめんなさい。言葉が出なかったの。

2 人に関する日常表現 ·············· PEOPLE

"The city is not a concrete jungle, it is a human zoo."
Desmond Morris 1928- The Human Zoo.
「都会とは、コンクリートジャングルではなく、人間動物園である」(デズモンド・モリス)

　ここではいろいろなタイプの人々や人間関係について表わす表現
を紹介します。

beggar / tramp / bum / dosser / the homeless / some down and out （こじき、ホームレス）

It must be a hard life being a **tramp**.
ホームレス生活って、辛いものに違いない。

chap / lad / gent / feller / bloke / geezer / bod （奴、男、野郎）

Who's that **feller** over there?
あそこにいる男は誰だい？

specimen / bleeder / so-and-so （ひどい奴）

You're a right **so-and-so**, aren't you?
おまえは、本当にひどい奴だ。

bird （若い娘、ガールフレンド）

Who's your new **bird** then?
それじゃあ、君の新しい彼女は誰だい？

agony aunt （〈雑誌などで〉身の上相談に答えてくれる人）

I don't want to know about your problems. I'm not a
bloody **agony aunt**.
あなたの悩みは知りたくないわ。私は人生相談の解答者じゃないんだから。

sprog / kid / nipper / brat（子供）

Any **sprogs** yet?
子供はまだ？

monkey / horror（生意気な人）

You little **horror**!
あなたって生意気な人ね。

know by sight（見覚えがある）

I **know** him **by sight**, that's all.
彼の顔は見たことがあるが、それだけのことだ。

dead wood（役に立たない人、でくのぼう）

Once we've cleaned out the **dead wood**, business will pick up.
役に立たない社員を処分したら、経営が持ち直すだろう。

read like a book（人の心を読み取る）

I know what's going on. I can **read** you **like a book**.
何が起こっているか知っているよ。君の考えていることは手に取るようにわかるんだ。

bookworm（本の虫）

He's always got his nose in a book. Bloody **bookworm**.
彼はいつも本を読んでいる。本の虫だ。

none other than（…に他ならぬ）

Guess who came? **None other than** Brad Pitt!
誰が来たと思う？　他ならぬブラッド・ピットだよ。

stick-in-the-mud / square（堅物）

He's all right. A bit of a **stick-in-the-mud** though.
彼はいい奴だよ。ちょっとお堅いけれど。

well-to-do / well off （裕福な）

She's quite **well-to-do**, you know.
彼女はかなり裕福だよ。

folks （両親）

I'm off to my **folks** place this weekend.
今週の週末は両親の家に行きます。

gran / nan （おばあちゃん）

Is that your **gran** over there?
あそこにいるのは君のおばあちゃんかい？

poor relations （〈同類の中で〉劣っている人・物）

They are the **poor relations** in our family.
彼らは家族の面汚しです。

be an item （関係を持つ）

So how long have you two **been an item**?
君たち、いつから付き合っているんだい？

be family （家族のような）

He**'s** like **family**, he is.
彼は家族も同然だ。

run in the family （親譲りである、血筋だ）

Big noses **run in their family**.
大きい鼻は親譲りだ。

a father figure （父親のような人）

Since dad died, he's been like **a father figure** to me.
お父さんが死んでから、彼は僕にとって父親のような存在だ。

on the father's [mother's] side（父方［母方］）

The drinking's **on the father's side**.
酒飲みは父方の血筋だ。

a family man（家庭的な男性）

He's a pleasant chap. **A family man**.
彼は感じのいい奴だ。家庭を大事にする。

mother's boy（気の弱いめめしい子）

Don't pamper him. He'll turn into a right **mother's boy**.
彼を甘やかすな。めめしい子になるぞ。

give oneself a bad name（悪評を立てる）

You're going to **give yourself a bad name** one of these days.
君はいつかそのうち、自分の名前を汚すことになるだろう。

have/get a name for（…で有名である）

He's **got a name for** fighting.
彼は喧嘩っ早いことで有名だ。

make a name for oneself（名を成す）

I really hope to **make a name for myself** one day.
いつか、名を成したいと切に望んでいます。

know by name（名前を知っている）

I **know** all the stars in the sky **by name**.
空にある星の名前は全部知っているよ。

name names（〈関係者などの〉名前を挙げる）

Without **naming names**, Mark did it!
名前は言わないが、マークがやった。

a name-dropper（自分の知人であるかのように有名人の名をひけらかす）

He's **a real name-dropper**.
彼はまるで自分の知人であるかのように、有名人の名前を口に出す。

hen-pecked / under the thumb（妻の尻に敷かれた男）

That poor chap's really **hen-pecked**.
あいつは妻の尻に敷かれている本当にかわいそうな奴だ。

the lads（男友達）

I'm just off down the pub with **the lads**.
パブに行って、奴らと飲んでくる。

one of the lads（仲間とワイワイやるのが好きな男）

Don't worry about him. He's **one of the lads**.
彼のことは気にするな。彼も僕らと同じさ。

in with（親しくする）

You're **in with** the wrong crowd!
君はよくない連中と親しくしているね。

pally / matey / chummy（仲良し）

You two seem to be a bit **chummy** all of a sudden.
にわかに、君たち二人は仲良しになったね。

click / hit it off（馬が合う）

We just **clicked** from the beginning and have been good friends ever since.
私たちは最初から馬が合って、それ以来ずっと親友です。

get on (with someone)（うまくやっていく）

We don't really **get on** anymore.
私たちは、もうそれほどうまくいっていないんだ。

take against someone （嫌いになる）

For some reason, she's really **taken against me**.
どうしたわけか、彼女は私を好きではなくなった。

have got time for someone （…に夢中である）

He's great. I**'ve got** a lot of **time for him**.
彼はすばらしいわ。私は彼に夢中よ。

well-in （受けがいい）

It looks like you're **well-in** with her.
君は彼女に随分受けがいいようだ。

think the world of （とても大事に思う）

Be nice to him. He **thinks the world of** you.
彼に親切にしなさい。あなたのことをとても大事に思っているから。

lose touch （連絡を断つ）

We **lost touch** years ago.
私たちはもう何年も連絡をとりあっていない。

bunch / mob / crowd / lot / gang （仲間）

Who's your **crowd** these days?
近ごろはどんな奴と付き合っているんだい？

on one's tod （ひとりで）

I came **on my tod**.
私はひとりで来た。

look in on someone （…に立ち寄る）

Can you **look in on your gran** if you're passing?
通りがかりにおばあちゃんの家に寄ってくれない？

keeps oneself to oneself （人付き合いを避ける）

I like to **keep myself to myself** really.
本当は、人付き合いは避けたい。

go it alone （他から援助を受けないで自力で行う）

I think I'll **go it alone** this time, thanks.
今回は自分でやってみるよ。

a close friend （親しい友人）

Sam's **a close friend** of mine.
サムは私の親しい友人です。

3 家・場所に関する日常表現 ……HOMES & PLACES

"There was no need to do any housework at all. After the first four years the dirt doesn't get any worse."
Quentin Crisp 1908-1999 The Naked Civil Servant.
「家事をする必要はまったくありません。4年も経てば、それ以上汚くなることはないですから」(クエンティン・クリスプ)

　イギリスのマイホーム率は高く、1995年には67%もありました。イギリス人にとって自分自身の家を所有することは重要で、おそらく、こうした心構えは、投票権を得るためには持ち家が必要条件とされた1832年以前の時代に生まれたものです。イギリス人は家を長期投資とみなし、たぶん日本人よりももっと永久的な思い入れを家に対して持っています。日曜大工も非常に一般的ですし、家に名前を付けたりもします。結局は、不順な天候のために家の中にいる時間が長いこと、そしてイギリス国民がプライバシーを重んじるためなのかもしれません。こんな諺もあります。**"An Englishman's home is his castle."**「イギリス人の家は城である」(原文訳：男にとって家は城であり、各自の家はその人の最も安全な避難所である。)

　この項では、家や家財、そして場所に関連する表現とそれらの語を含むいろいろな日常会話表現を紹介します。

over the road / next door but one / a stone's throw / within spitting distance / around the corner
（近くに）

> We live **within spitting distance**.
> 私たちは近所に住んでいる。

miles from anywhere / (in) the sticks / the middle of nowhere / the back of beyond （人里はなれたところで）

> Jesus! You live in **the middle of nowhere**.
> まったく！　君は本当に遠いところに住んでいるね。

家・場所に関する日常表現

hang-out （出入りする、入り浸る）

So, where do you **hang-out** these days?
それで、最近はどこに入り浸っているの？

in place （いつもの所に、きちんとして）

Don't worry. Everything will be **in place** before the guests arrive.
大丈夫だよ。お客さんが来るまでに、すべてきちんとなるから。

on one's doorstep （近くで）

It happened **on your doorstep**, man!
それはすぐ近くで起こったんだよ。

on the map （〈都市、地域が〉有名な）

Is your place **on the map**?
あなたの住んでいる場所は有名？

out of place （場違いの、不適当な）

You look a bit **out of place** in that suit.
そのスーツはちょっと場違いだよ。

place / digs / pad / gaff （下宿、家）

You should come over to my **place**.
家に来てよ。

pride of place （最高位、高慢）

My player of the season trophy takes **pride of place** in our house.
私の優秀選手トロフィーは、家の一番よい所に飾ってあります。

right the way （道のずっと向こうに）

Just go **right the way** down the street and turn left.
道の向こう側に行って、左へ曲がりなさい。

the Chunnel（英仏海峡のトンネル）

You can take **the Chunnel** to get to France nowadays.
今はトンネルでフランスへ行けるよ。

the global village（国際社会）

If you want to be a part of **the global village**, English is a necessity.
国際社会に入りたいのなら、英語は必須だよ。

tip / pig's sty（ごみ捨て場、ひどい場所）

Your room is such a **tip**.
あなたの部屋はごみ捨て場みたい。

way（方向）

I'm going your **way**.
あなたの家の方へ行くよ。

a full house（満員）

We've got **a full house** tonight.
今夜は満員だね。

a home truth / close to home（胸にこたえる、不愉快な真実）

His remark was a bit **close to home** for my liking.
私としては彼の発言はちょっと癪にさわった。

an armchair fan（観念的ファン）

I hate **armchair fans**! Why don't you get out there with the real supporters?
口だけのファンは嫌いよ。サポーターと一緒にそこへ行ってみたら。

not out of the top drawer （上流階級出身でない）

You can tell by his shoes he's **not out of the top drawer**.
彼の靴から、彼は上流階級出身でないことがわかる。

smoke and mirrors （偽装、煙幕）

You need to listen to politicians carefully. It's usually all **smoke and mirrors**.
政治家の言うことは注意して聞けよ。いろいろと偽装があるからね。

be a doormat （踏みつけられても黙っている弱い人）

Don't **be a doormat** all your life.
一生泣き寝入りするなよ。

be handed on a plate （やすやすと渡される）

The championship **was handed** to City **on a plate**.
その優勝はやすやすとシティチームへ渡された。

be home and dry （安全な、成功して）

Just a few more to do and we'll **be home and dry**.
あとちょっとで目標達成だ。

be on the shelf （棚上げされて、婚期を逃して）

You'd better hurry up and find someone. You don't want to **be** left **on the shelf**, do you?
早いとこ、誰か見つけたほうがいいよ。売れ残りたくないでしょ。

come out (of the closet) （同性愛者だと公言する）

Did you know that Steve's **come out of the closet**?
スティーブが同性愛者だって言ったの知ってる？

go/fly out the window / down the toilet
（望み・希望が無くなる）

Well, there **goes** all my plans **out of the window**.
これで私の計画には望みが無くなったわ。

feel at home (with) （…とくつろぐ）

I really **feel at home with** her.
彼女といるのは本当に気が楽だ。

leave a door open （可能性を残しておく）

I think the company has **left a door open** for me.
会社が私にチャンスを残しておいてくれたんだと思う。

smoke like a chimney （やたらタバコを吸う）

It's absolutely disgusting. She **smokes like a chimney**.
まったくヘドがでそうだ。彼女はヘビースモーカーだよ。

(4) 犯罪に関する日常表現 ....CRIME

"Stolen sweets are best."
Colley Cibber 1671-1757 The Rival Fools.
「窃盗は蜜の味」（コリー・シバー）

　日本は世界でも安全な国の一つです（電話ボックスに置き忘れた私の財布が、翌日警察に届けられていたことには驚きました。こんなことはイギリスでは絶対にあり得ません）。これは、日本社会が地盤としている道徳観によるものだと思います。あらゆる国が日本社会のこの一面を持っていたらいいのですけれど…。私の生徒たちはイギリスが危険かどうかよく質問してきますが、日本と比べれば、かなり危険です（私の住んでいたロンドンの部屋は何度か泥棒に入られました）。しかし、もしあなたに分別と常識があるなら、どんな国へ行っても問題は起こりません。日本だって危険な側面も持ち合わせています。どこにいるのであっても注意しなければならない、ということです。

　以下に、犯罪やそれに関連した表現を紹介します。

bobby / copper / cop / Old Bill / the boys in blue / the bill / the pigs / the filth （警察、おまわり）

Go ask that **copper** where the bank is.
銀行がどこにあるか、あのおまわりさんに聞いて来て。

bust （手入れ、捜査）

Is it true the police **busted** the pub last night?
昨夜、そのパブに警察の捜査が入ったってホント？

carry the can / take the rap （人の代わりに責任を取る）

Why do I always have to **carry the can** for everyone else?
なんでいつも僕がみんなの尻拭いをしなくちゃいけないんだ？

con （だます）

You can't **con** me, mate.
君は僕をだませないよ。

crooked / bent / dodgy / shady （ひねくれた、不正な）

Keep away from him. He's as **crooked** as they come.
彼には近づくな。かなりのワルだ。

fall off the back of a lorry （盗まれる）

I hope that telly hasn't **fallen off the back of a lorry**.
このテレビが盗まれたものでないといいけど。

finger （スリをする、くすねる）

Someone's **fingered** my wallet!
誰かが俺の財布をくすねやがった。

one's fingers in the till （勤め先の金を盗む）

They caught him with **his fingers in the till**.
彼らは店の金をちょろまかしていた彼を捕まえた。

funny business / jiggery-pokery （不正な取引、ペテン）

Now don't you get into any **funny business**.
不正なことには手を出すなよ。

inside job （内部犯行）

It appears to be an **inside job**.
どうやら内部犯行のようだ。

a job for the boys （談合、コネ）

Looks like **a job for the boys**.
縁故みたいだね。

knock-off （盗む、押し入る）

I hear your house was **knocked-off** last night.
昨夜、君の家に泥棒が入ったらしいね。

legit (=legitimate) （合法の）

Believe me. It's all **legit**.
僕の言うことを信じてよ。すべて合法だって。

mug （強奪する）※ mugger は強奪者

I was bloody **mugged** on the way home last night.
Took my wallet and everything!
昨夜、家へ帰る途中でひったくりにあった。財布から何から全部やられた。

nab （逮捕する）

What ever you do, don't get **nabbed**!
何をするにしても、捕まるなよ。

pull (someone) up （車をとめる）

I was **pulled up** for speeding today.
速度違反で今日、とめられたよ。

rob blind （多くだまし取る、法外な値段をふっかける）

They **rob** you **blind** in that shop.
奴らはあの店で、君にふっかけたな。

stitch-up （はめる、落とし入れる）

It wasn't me! I've been **stitched-up**.
俺じゃないって。はめられたんだ。

tea-leaf（泥棒）※ thief のコックニー・ライミング・スラング

Keep your eye on him. You know he's a bit of a **tea-leaf**.
彼から目を離すな。彼が泥棒だってことは知ってるだろ。

the law（警察、法）

You'll be in trouble with **the law** if you do that.
そんなことをしたら、警察が黙っていないよ。

thieve / lift / pinch / nick / half-inch（盗む）

I hope you didn't **pinch** that.
あなたが盗んだのではないといいのだけれど。

throw the book at（最も重い罪を与える）

They'll **throw the book at** him for that.
彼らはその事で彼をきびしく罰するだろう。

walk off with（持ち逃げする）

That bloke just **walked off with** her bag.
あいつ、彼女のバッグを持っていきやがった。

behind bars / in the nick / inside / doing time
（刑務所に入って）

I see Jimmy's **behind bars** again.
ジミーがまた刑務所に入ったのは知っている。

lifer（無期懲役囚）

He's a **lifer**.
彼は終身刑囚だ。

previous （前科）

Does he have any **previous**?
彼に前科はあるの？

put behind bars / put someone away / send down
（投獄する）

They all want **putting behind bars**, if you ask me.
俺に言わせりゃ、奴らは全員ムショに入るべきだ。

the clink / the nick / the slammer （刑務所）

It's not nice being in **the slammer**, I can tell you.
いいかい、ムショ暮らしなんていいわけねえよ。

been/gone and done （愚かにも〜する）

Now what've you **gone and done**?
今度は、何をやらかしてくれたのよ。

5 暴力に関する日常表現 ……………VIOLENCE

*"Keep violence in the mind
Where it belongs."*
Brian Aldiss 1925- Charteris.
「暴力はいつも想像するだけにしろ」(ブライアン・アルディス)

　イギリスにおける社会的問題の一つである暴力は、たいていが飲みすぎによって引き起こされています。しかしながら、飲酒による暴力は新しい問題ではなく、何世紀もの間存在し続けているのです。この項は、格闘や恐喝の場面で使われる表現、人生、死などに関するフレーズを紹介します。

steam in/into （襲いかかる）※サッカーファンに対してよく使う

And then all the United fans **steamed into** the City fans.
そしてユナイテッドファン全員がシティファンに襲いかかった。

a blood bath （大げんか）

It was **a blood bath** in town last night.
昨日の夜、街ですごいけんかがあったよ。

a dead loss （まる損、役立たず）

I don't know why we bother with him. He's **a dead loss**.
なんで僕たちが奴の心配をしてやらなきゃいけないんだよ。奴はまったくの役立たずじゃないか。

a death wish （無意識に死を願うこと）

That bike's too big for him. He must have **a death wish** or something.
あのバイクは彼には大きすぎるよ。死にたいのかね。

a fact of life （現実）

Sorry, but it's **a fact of life**.
ごめんね、でもこれが現実なんだよ。

a fighting chance （わずかな勝利の見込み）

If we do as well as last week, we've got **a fighting chance**.
先週と同じくらいうまくやれば、まだ勝算はあるぞ。

a long shot / a shot in the dark （当たりそうにないこと）

It's **a long shot**, but we should give it a try.
当たりそうにないけど、挑戦はしてみるべきだよね。

a running battle （追撃戦、論争）

They've been having **a running battle** for years.
彼らはもう何年も言い争いを続けているよ。

a trouble-shooter （調停人、修理係）

He's one of those financial **trouble-shooters**.
彼は財務上の調停人の一人だよ。

agro / bovver （けんか）

I got into a bit of **bovver** last night down the pub.
昨日の晩、パブでケンカにちょっと巻き込まれた。

an up hill fight/battle/struggle （厳しい闘い）

Life's **an up hill struggle** these days.
近頃、生活が厳しいですよね。

any day, mate （いつでも相手になる）

"**Any day, mate**." "You and whose army?"
「いつでもやっつけてやるよ。」「（俺をやっつけるには）おまえだけじゃなく軍隊がいるぞ。」

ask for it / in for it （自ら不幸を招く）

He's bloody well **asking for it**.
彼はやたら問題を起こそうとしている。

be half the battle （〈難しい仕事などの〉半分）

Getting them to come here **is** only **half the battle**.
彼らをここに来させることは、問題の半分でしかない。

bunch of fives / knuckle sandwich （こぶし打ち）

Are you looking for a **knuckle sandwich**?
アンタ、殴られたいわけ？

catch one's death （ひどい風邪をひく）

Wrap up warm or you'll **catch your death**.
あたたかくしないと、風邪ひくよ。

clout / sock / whack / pop / clip / clock （顔を殴る）

She's just **clocked** him! Unbelievable!
彼女が彼を殴ったのよ！　信じられないわ！

dead and buried （終わってしまって）

After City's third goal, United were **dead and buried**.
シティ3点目のゴールの後、ユナイテッドはもう勝てない。

dead trouble （ひどいトラブル）

I'm in **dead trouble** at work.
仕事で大変なトラブルになっているんだ。

do over/in （打ちのめす、やっつける、殺す）

I'll **do** you **in**, mate!
おまえなんか、ボコボコにやっつけてやる！

don't come it with me （偉そうにするな）

Don't try and **come it with me**. I wasn't born yesterday.
偉そうにするなよ。俺をなめるな！

drop someone in it （わざと困難な状況におとし入れる）

You didn't have to **drop me in it**, did you?
おれを、はめることないじゃん。

fill (someone) in / duff/bash (someone) up
（打ちのめす）

Shut it! Unless you want **filling in**!
黙れ！　ボコボコにされたいのか！

for it / for the high jump （罰せられようとしている）

Now you're **for it**.
さあ罰だ。

grief （嘆きの種）

I don't want anymore **grief** from you, all right?
もうこれ以上、おまえに心配させられるのはごめんだ。いいね？

hassle （苦しめる、悩ます）

Stop giving me **hassle**. OK?
精神的に圧力をかけるのはやめてくれよ。いいな？

have a go at （率直に怒りをぶつける）

He **had a** right **go at** me, he did.
彼に厳しく非難されたよ、まったく。

have been in the wars （負傷している、ひどい目に合った跡がある）

You look like you**'ve been in the wars**.
君はひどい目に合ってきたように見えるけど。

in a pickle / in a hole / in a spot / in the shit / in a spot of bother / in a tight spot / in a fix / in hot water
（苦境で、ひどく困って）

I need a favour. I'm **in** a bit of **a pickle** financially.
お願いがあるんだ。ちょっとお金に困っちゃって。

lay into someone / give someone a seeing-to
（殴る、攻撃する、叱る）

She's really **laying into him** over there.
彼女はあそこで本当に彼をひっぱたいてるよ。

merry hell （罰する、悩ます）

You'll get **merry hell** if your father finds out.
もし君のお父さんに見つかったら怒られるぞ。

mix it （けんかを始める、なぐりあう）

I feel like **mixing it** with someone tonight.
今夜は誰かとケンカしたい気分だ。

on the ropes （窮地に陥って）※ボクシングでロープに追い詰められて

We've got them **on the ropes**. If we keep the pressure up, they'll have to sell out.
奴らを追い詰めたぞ。圧力をかけ続ければ、資産を手放さなければならなくなるだろう。

out of the wood(s) （困難を逃れて）

We're not **out of the woods** yet.
まだ僕たちは危険を脱したわけじゃないよ。

put the boot in （〈人を〉蹴る）

That's it! **Put the boot in**.
そうだ！ 蹴とばしてやれ。

put the frighteners on （恐喝する、ゆする）

They are trying to **put the frighteners on** me.
奴らは俺をおどして従わせようとしている。

rock the boat / make waves / set the cat among the pigeons （問題をわざと起こす）

Now you've **set the cat among the pigeons**.
君は今、わざともめごとを起こしたな。

rough-up （暴力をふるう）

Stan was **roughed-up** a bit last night.
スタンは昨日の夜、なぐられたみたい。

shiner / black eye （目の周りの黒いあざ）

Where did you get that **shiner**?
その目のあざ、どこでやられたの？

sick to death （ひどく気分が悪い）

I'm **sick to death** of her moaning.
彼女の不平には、もうホントうんざりだわ。

sort out （暴力でこらしめる、やっつける）

You need **sorting out**, you do.
君はやっつけてやる必要があるよ、ホントに。

stirrer （煽る人）

You're a real shit **stirrer**, aren't you?
君は本当に人の気持ちをかき乱すヤツだよ。

the battle of the bulge （ダイエットとの戦い）※ドイツ軍の圧勝

She's obviously losing **the battle of the bulge**.
彼女はあきらかにダイエットには我慢できそうにないね。

the knives are out for （敵意を剥き出しにしている）

I hear **the knives are out for** you. You'd better be careful.
大変なことになっているぞ。気をつけろよ。

look daggers at （怒ってにらみつける）

She's **looking daggers at** you. What did you say?
彼女、君をにらみつけてるよ。何を言ったの？

put the knife in （恨む、酷評する）

That's really **putting the knife in**!
かなりの酷評だね。

up to no good （悪事をやっている）

I hope you haven't been **up to no good**.
君が悪いことを企んでいるんじゃないといいけど。

want none of that （そんなことをしないで）

I **want none of that** in here.
ここではそんなことをしないで。

6 教育に関する日常表現 ················EDUCATION

"Education is what survives when what has been learned has been forgotten."
BF Skinner 1904-90 New Scientist.
「教育とは学びそして忘れなかった残りの知識のことである」(スキナー)

　イギリスの教育システムについては前著『イギリス英語 Total Book』の中でご説明しましたが、ここでは教育と学習に関する表現とそれらの語を含む表現をさらに紹介します。

a different school of thought （別の学派）

Now, **a different school of thought** is that held by the Marxists.
さて、また別の学派はマルクス主義者たちによって支持されていました。

all square （決済ずみの、準備万端の、互角の）

If I give you two quid, then we're **all square**.
もし僕が君に 2 ポンドあげたら、僕たちは貸し借りなしだ。

count someone out （…を仲間に入れないでおく）

You can **count me out**. I haven't got enough money.
私は仲間に入れてくれなくていいよ。お金が足りないから。

get the hang of （扱い方がわかる）

I can't quite **get the hang of** this. Can you show me?
これの使い方がよくわからないんだよ。教えてもらえる？

in a class of one's own （ずば抜けている）

Arsenal are **in a class of their own** this season.
アーセナルは今シーズン、ダントツ 1 位だよ。

mug up on （詰め込み勉強をする）

You'll need to **mug up on** it by Monday.
君は月曜までにそれを覚えこまなくてはいけないよ。

somewhere along the line （どこかで）

Somewhere along the line, I'd forgotten all about that.
どこかで、そのことについては忘れていたよ。

answer back （口答えをする）

Don't **answer** me **back**!
私に口答えをするな！

come full circle （変化を経て元に戻る）

We seem to have **come full circle**.
僕たち回りまわって元通りってかんじだね。

go down in history （歴史に名を残す）

I want to **go down in history** as a great man.
私は偉人として歴史に名を残したい。

go to great lengths / go to any length （たいへんな努力をする）

He'll **go to great lengths** to achieve success.
彼は成功するために、たいへんな努力をするだろう。

go off on a tangent （脱線する、突然わき道にそれる）

You're **going off on a tangent** here. Stick to the point.
君の話はわき道にそれています。論点に戻ってください。

know all the answers （万事心得ている、抜け目がない）

You seem to **know all the answers**, don't you?
頭がよさそうだね、君は。

learn a lesson（経験で教えられる）

I hope you've **learned a lesson** from today.
君が今日のことを教訓にしてくれたらいいのだけど。

put to the test（試す）

We'll have to **put** your ideas **to the test** some day.
私たちはいつか君の企画を試さなければならないだろう。

read between the lines（行間を読む）

If you **read between the lines**, it's obvious they'll do it again.
ちょっと想像力を働かせれば、彼らがそれをまたやるってことは明白だよ。

spell big trouble（大きな問題を起こすことになる）

That **spells big trouble** for you.
そのことは君に大問題をひき起こすだろうね。

teach someone a lesson（人にお説教する、罰を与える）

Well, that'll **teach you a lesson**!
まぁ、それが君へのお説教だ。

top [bottom] of the class（頭がいい［悪い］）

You always were **bottom of the class**!
君はいつもバカだった！

gap year（ギャップイヤー）

I think I will take a **gap year** after all.
やっぱり、一年休みをとることにしたよ。
※イギリスでは入学・就職の前に様々な経験をするために1年間休みをとる人がいる。

out of the question（問題外で、まったく不可能で）

I'm sorry, but that's absolutely **out of the question**.
ごめんなさい、でもそれは絶対にムリなのよ。

call into question（異議を唱える）

I'd like to **call into question** the remark you said earlier.
あなたの先程の発言に異議を唱えたいのですが。

with no questions asked（何も聞かないで）

He let me in **with no questions asked**.
彼は何も聞かないで私を中に入れてくれた。

bend the rules（規則を曲げる）

It's OK to **bend the rules** a little.
ちょっと規則を曲げるくらい、かまわないよ。

flout the rules（規則を鼻であしらう）

You can't get away with **flouting the rules** around here.
この辺りじゃ、規則をないがしろにしたらタダじゃすまないぞ。

7 エンターテイメント に関する 日常表現 ┈┈ENTERTAINMENT

"Martyrdom - the only way in which a man can become famous without ability."
George Bernard Shaw 1856-1950 The Devil's Disciple.
「殉教、それは能力なくして有名になりうる唯一の方法」（バーナード・ショウ）

　この項では、音楽や舞台などのエンターテイメントとメディアについての表現とそれらの語を含む日常会話表現を紹介します。

belt out / blare out （鳴り響く、大声で歌う）

I can't sleep with that music **blaring out**.
あの音楽が鳴り響いていては眠れない。

bop （ダンス）

Fancy a **bop** tonight?
今晩、踊りに行かない？

gig （ライブ、コンサート）

Are you going to the **gig** tomorrow?
明日、ライブに行かない？

mag(=magazine) （雑誌）

Can I borrow that **mag**?
その雑誌を借りてもいい？

music to one's ears （耳に快いもの）

A pay rise? That's **music to my ears**.
昇給だって？　その言葉、うれしい響きだなぁ。

one-liner（短いがユーモアに富んだ言葉）

He's great at **one-liners**.
彼のちょっとした一言一言がすごくおもしろいんだよ。

out of tune with（～と協調しないで）

You're **out of tune with** the times, dude.
お前は時代遅れだよ、まったく。

rag / daily / tabloids（三流新聞、タブロイド紙）

Don't believe a word of what you read in the **tabloids**.
タブロイド紙で読んだことは一切信じるな。

snap(=snapshot)（スナップ写真）

Do you want to see my holiday **snaps**?
休暇に撮ってきた写真、見たい？

strike the right note（適切な見解を述べる）

It just didn't **strike the right note** with me.
僕としてはそれはふさわしくないと思った。

be in the spotlight（注目を浴びている）

What's it like **being in the spotlight**?
注目を一身にうけるってどんな感じ？

blow one's own trumpet（自慢する）

You shouldn't **blow your own trumpet**.
君は自慢すべきじゃないよ。

change one's tune（意見や態度をガラリと変える）

You've suddenly **changed your tune**!
急に態度を変えましたね！

clean up one's act （行いを改める）

You've got to **clean up your act** if you want to get anywhere in this world.
この世界で何か成したいなら、行いを改めなくちゃね。

fluff one's lines （セリフを忘れる）

I was so nervous, I **fluffed** all **my lines**.
すごい緊張して、セリフが全部とんじゃったよ。

look the part （いかにもそのように見える、それらしく振る舞う）

At least try and **look the part**.
少なくも、見た目くらいそれらしくね。

make a scene （大騒ぎをする）

Let's not **make a scene** here, OK?
ここで騒ぎを起こすのはやめよう。いいね？

play a part / a part to play （貢献する、参加する）

We all have **a part to play** in this company.
僕たち全員が、この会社に貢献しなければならない。

run the show （取り仕切る、運営する）

That bloke in the grey suit **runs the show** round here.
あのグレイのスーツを着た人が、この辺りを取り仕切っているんだ。

stage-manage （舞台主任をする、こっそり企てる）

The whole thing was **stage-managed** if you ask me.
言わせてもらうなら、何もかも最初から仕組まれていたんだよ。

steal the show （人気をさらう）

Your kid was so cute, she **stole the show**.
あなたのお子さん、すごくかわいいわね。人気を独り占めだわ。

strike a chord （何かを思い出させる、聞いたことがある）

That **strikes a chord**.
覚えてるよ。

take one's cue from （～からヒントを得る、～にならう）

Take your cue from him.
彼を見習いなさい。

to the tune of （～もの法外に高い値段で）

He ripped me off **to the tune of** a hundred quid.
彼は私に 100 ポンドもふっかけたのよ。

film （映画）

I feel like seeing a **film**.
映画を観たいと思います。

pictures / the flicks （映画館）

Are you going to the **pictures** tonight?
今夜、映画館に行かない？

8 流行に関する日常表現 ·············FASHION

　ロンドンは世界の流行発信地の一つです。この項では流行や服装に関する表現やそれらの語を含む表現を紹介します。

all the rage （大流行の）

These handheld devices are **all the rage** these days.
近頃、この手のひらサイズの装置が大流行だよ。

brolly （傘）

English people rarely take a **brolly** with them, which is surprising, seeing how it's always raining.
いつも雨が降っているっていうのに、イギリス人がめったに傘を持ち歩かないのには、驚いちゃうよ。

catch on （流行する、うける）

I don't think your invention will **catch on** somehow.
君の発明品がはやるとは思えない。

civvies （平服）

On Fridays, we can wear **civvies**.
金曜日はカジュアルな服装でいいんだよ。

classy （センスがいい）

She's very **classy**.
彼女はすごくセンスがいいね。

do up / doll up（着飾る）

You don't have to **doll** yourself **up** tonight. It's very casual.
今夜は着飾る必要ないからね。すごくカジュアルな集まりだから。

drag（女装）

I'm going to the fancy dress party in **drag**.
仮装パーティーには女装して行くつもりなんだ。

get-up（身なり、服装）

What kind of **get-up** do you call that?
そういう格好って、何て呼べばいいの？

hot（ホットな、話題の）

His car's really **hot**.
彼の車はまさにホットだ。

hot property（人気のもの）

Everyone wants one of these. They're **hot property**.
みんな、それを欲しがっているよ。人気があるよね。

in（流行の）

So, what's **in** these days?
それで最近は何がはやっているの？

out（流行遅れで）

Those shoes went **out** with the dinosaurs!
その靴は恐竜と同じくらい時代遅れだよ。

jim-jams (=pyjamas)（パジャマ）※子供に対してよく使われている

Come on. Time for bed. Put your **jim-jams** on.
ほら、もう寝る時間ですよ。パジャマを着ましょうね。

like a dog's dinner （汚い状態）

Good God! You look **like the dog's dinner**!
何てこった！　君の格好、かなりヒドイよ。

naff （流行遅れの）

You need to get with it, man. Get rid off all these **naff** clothes.
君は流行に敏感にならなきゃ。こんな流行遅れの服、全部捨てちゃえ。

natty （しゃれた、小粋な）

That's a **natty** suit.
しゃれたスーツだね。

number （服）

That's a nice little **number**. Where did you buy it?
ステキな服ね。どこで買ったの？

hanky / snot-rag （ハンカチ）

I forgot to bring a **hanky**.
ハンカチ、忘れちゃった。

Sunday best / dressed up to the nines
（思いっきりオシャレをして）

Where are you going in your **Sunday best**?
そんなにめかしこんで、どこへ行くの？

tart （売春婦のようにけばけばしい）

You look like a right **tart** in those clothes.
その服を着ていると、まるで娼婦みたい。

togs / clobber / kit （衣裳）

Get your **clobber** together and let's go.
服をつめて出かけよう。

trendy / cool / hip / with it （流行に乗った）

Your mum's quite **trendy**, isn't she?
君のママは流行の最先端をいってるよね。

undies / smalls / (under) kecks / shreddies （男性用パンツ）

Have you seen my **kecks**?
僕のパンツ、どこへいったか知らない？

war paint （〈おどけて〉化粧）※北米インディアンがした出陣前の化粧

Hurry up and put your **war paint** on. Otherwise, we'll be late.
大急ぎで化粧をしろよ。そうじゃないと僕たち遅れちゃうよ。

wellies （長靴）

Put your **wellies** on. It's bucketing down.
長靴をはきなさい。外はどしゃ降りですよ。

where it's (all) at (happening)
（活動の中心、流行していて最も面白いもの）

You've got to go there. I tell you, it's **where it's at**.
あそこは行っとかなきゃ。流行の発信地だよ。

will not be seen dead （絶対に、死んでもイヤだ）

I **wouldn't be seen dead** wearing that!
あれを着るなんて死んでもイヤだね。

after a fashion （どうにか、一応）

I can skate, **after a fashion**.
スケートはできるよ、一応ね。

an acquired taste （後天的嗜好品）

Natto is **an acquired taste**.
納豆はだんだん好きになった。

a bossy boots （ひどく威張り散らす人）

She's a bit of **a bossy boots**.
彼女はちょっと威張り屋だよね。

a night-cap （寝酒）

My folks have **a night-cap** every night.
うちの両親は毎晩、寝酒を一杯やるんだ。

off the cuff （アドリブで、形式ばらないで）

He said it **off the cuff**, just like that.
彼はアドリブで言ったんだよ、突然に。

the boot is on the other foot now
（お門違いだ、真相は逆だ、事態は逆転した）

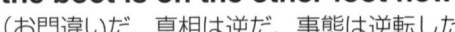

See how you like it! **The boot's on the other foot now**.
ね、結構いいでしょ？　思っていたのと逆でしょ。

be in another's shoes （…の立場に身を置いて）

I wouldn't like to **be in your shoes** when the boss finds out.
上司に見つかった時、君の立場に身を置きたくない。

cotton on to （…を了解する）

I think they've **cottoned on to** us.
彼らは僕たちのこと、了解済みだと思うけど。

pull up one's socks（気合いを入れてがんばる）

We all need to **pull up our socks** this month. Business is not good.

今月は全員がふんどしを締めてかかる必要があります。業績がおもわしくありません。

roll up one's sleeves（腕まくりをしてがんばる）

If we want to get the job done by tomorrow, we'll have to **roll up our sleeves**.

明日までにその仕事を終わらせたいなら、僕たちは腕まくりをしてがんばらなくちゃ。

too big for one's boots（うぬぼれる、威張る）

You're getting **too big for your boots**, young man!

でしゃばりすぎですよ、そこの若い方！

9 年齢に関する日常表現 ⋯⋯⋯⋯⋯AGE

"To me old age is fifteen years older than I am."
Bernard Baruch 1870-1965 from Newsweek.
「私にとって、老年とは今の自分より15歳上のことである」(バルク)

　私たちは皆、遅かれ早かれ歳をとります。以下の表現は年齢に関するものです。ちなみにイギリスでは、老人のことを OAP(s) ＝ old age pensioner(s) （年金受給者）と呼びます。

crock / wrinklie / has-been / old fogey / fossil / old fart / old timer（老人）

This place is full of **old fogeys**.
この場所は老人ばっかりだなぁ。

had it（もうだめだ、おしまいだ）

Your car's **had it**, pal.
君の車、もうダメなんじゃない？

moth-eaten / the worse for wear / clapped out（ボロボロの）

You look **the worse for wear**. Heavy night?
疲れきっているみたいだけど。夜遅かったの？

one foot in the grave（死にかけている）

He's already got **one foot in the grave**!
彼はもう死にそう！

over the hill / past it（盛りを過ぎて）

I don't go to clubs anymore. I'm **over the hill**, mate.
もうクラブには行ってないよ。もう盛りを過ぎたからね。

past one's sell-by date（賞味期限を過ぎた）

She's well **past her sell-by date**.
彼女はもう賞味期限切れだね。

pension off（〈年金をもらって退職するほど〉年をとっている）

I'm ready to be **pensioned off**.
もう年金をもらって退職する準備はできてるよ。

pushing（ある年齢に近い）

Garry? He's **pushing** thirty at a guess.
ガーリーの歳？　彼はもう 30 歳近くだと思うんだけど。

there was a time when（昔は…だった）※老人の口ぐせ

There was a time when young people were polite to the elderly.
昔は若者が老人に親切だったもんだ。

the wrong side of（…歳以上で）

She's **the wrong side of** forty.
彼女は 40 歳を超えてるよ。

feel one's age / show one's age（年齢を感じる）

I'm beginning to **feel my age**.
もう歳だなって思うようになってきちゃったわ。

that/the awkward age（扱いにくい年齢）

She's at **that awkward age** girls go through.
彼女はちょうど扱いに困るお年頃だよ。

10 動物に関する日常表現 ………… ANIMALS

"Human beings are animals.
We are sometimes monsters, sometimes magnificent, but always animals.
We may prefer to think of ourselves as fallen angels, but in reality we are risen apes."
Desmond Morris 1928- The Human Animal.
「人間は動物だ。我々は時に怪物となるが、時に非常に優れている。だがいつだって動物なのだ。
我々は自分たちを堕天使と考えたがるけれど、実際のところは発達したサルにすぎない」(モリス)

　イギリスは、人間よりも動物を好む人々もいるくらい動物愛好の国で、ベジタリアンも多くいます。多くの人々がペットをかわいがりすぎ、しばしばペットを人間のように扱っています。

　また、イギリスの英国動物愛護協会 RSPCA (the Royal Society for the Prevention of Cruelty to Animals) には一般市民から 20 秒ごとに動物虐待についての電話がかかってきます。この団体は慈善寄付によって成り立っており、年間に 10 万件もの動物虐待の苦情を調査し、法廷で告訴して勝つこともよくあります。とにかく受け付けた苦情は、すべて調べあげるのです。私が今までに見た、いくつかの事（魚の活け作りやタコが生きたまま茹でられるなど）は、ほとんどすべてのイギリス人を恐れおののかせることでしょう。

　おそらく、このように動物への愛情が深いため、英語には生き物を含む表現がたくさんあるのだと思われます。以下にその中のほんの一部を紹介します。

a bear with a sore head （極めて不機嫌な人）

I wouldn't go near Bill this morning. He's like **a bear with a sore head**.

今朝はビルに近づきたくないな。彼、めちゃめちゃ不機嫌だよ。

a bee in one's bonnet （妙な考えにとらわれている）

What have you got **a bee in your bonnet** about?

君は何について興奮しているんだい？

a big fish （重要で強力な人物）

He's **a big fish** in the company.

彼はその会社の有力者だよ。

a cock and bull story （作り話、デタラメ）

That's **a cock and bull story** if ever I've heard one.

それは前代未聞のデタラメだね。

a culture vulture （知的教養があることをもったいぶる人）

You're a bit of **a culture vulture**, aren't you?

君はちょっと知的教養があることをうぬぼれているんじゃない？

a different kettle of fish （別のもの、別問題）

Now, that's **a different kettle of fish**.

まぁ、あれは別問題です。

a flea-market （ノミの市）※スペル注意

I'm thinking of setting up a stall at **the flea-market**.

フリーマーケットに店を出そうかと思ってるんだ。

a fly on the wall （人に気づかれないで観察している人）

I'd love to be **a fly on the wall** when she gets home!
彼女が帰ってきたら、気づかれないようにして観察していたいな。

a lame duck （無能な人・もの）

We don't need him. He's **a lame duck**.
彼は必要ありません。足手まといです。

a litter bug （ゴミを散らかす人）

Litter bugs are fined heavily in England.
ゴミをポイ捨てする人は、イギリスでは重い罰金をとられます。

a little bird told me （風の便りで聞いた話では）

A little bird told me you won the Pools.
風の便りによると、君はサッカーくじで勝ったらしいね。

a sitting duck （容易に狙える的、いいカモ）

You can't miss. It's **a sitting duck**.
逃すわけがないよ。あれはいいカモだから。

a whale of a time （すばらしく愉快な時間）

We had **a whale of a time** last night.
僕たち、昨日の夜はものすごく楽しかったよ。

a wild goose chase （くたびれもうけ、無駄な探索）

This had better not be **a wild goose chase**.
これを無駄な探索に終わらせるなよ。

an odd bird （変わり者）

She's **an odd bird** really.
彼女は変わり者だよ、本当に。

animal （ケダモノ）

Be careful. He's an **animal**.
注意しなさいよ。彼はケダモノだからね。

animal passions （動物的衝動、本能）

You should try and control your **animal passions**.
君は自分の本能をコントロールするようにした方がいいよ。

as bald as a coot （すっかり禿げあがった）

He's **as bald as a coot**.
彼はすっかり禿げちゃってるんだよ。

(as) blind as a bat （何も見えていない）

Can't see a thing. I'm **blind as a bat**.
何も見えない。真っ暗だ。

back the wrong horse （判断を誤る）※負け馬に賭ける

You've **backed the wrong horse** with him.
君は彼に関して判断を誤ったね。

birds of a feather （同類）※同じ羽根をもった鳥

They are never apart. You know what they say - **birds of a feather**.
彼らは絶対に別れないよ。ま、似たもの同士ってやつでしょ。

bull's eye （ダーツの的の中心、大当たり）

A fiver if you hit the **bull's eye**.
君がダーツで真ん中に当てたら5ポンドやるよ。

creature comforts （快適なもの）

I'm rather used to my **creature comforts** now.
楽な生活に慣れてしまっている。

dark horse （意外な才能の持ち主）※力量未知数の有望出走馬

He's a **dark horse** if you ask me.
僕に言わせてもらえば、彼は未知数の人だね。

dog eat dog （仲間争い、我勝ちの争い）

In this business, it's **dog eat dog**.
このビジネスは食うか食われるかなんだ。

dog-ear （本のページの隅を折る）※ dog-eared は形容詞として使えます

Don't **dog-ear** my books, please.
お願いだから、僕の本の隅を折らないでくれよ。

doggy bag （レストランで食べ残しを入れる持ち帰り用の袋）

Can you put this in a **doggy bag** for me?
これを持ち帰りの袋に入れていただけますか？

eagle eye （〈ワシのように〉鋭い視力）

I can't see. You must have **eagle eyes**.
僕には見えないよ。君ってすごく視力がいいんだね。

eat like a horse （〈ウマのように〉たくさん食べる）

No wonder he's so fat. He **eats like a horse**.
彼があんなに太っているのも不思議じゃないよ。ウマみたいに大食いだからね。

fight like cat and dog （〈しょっちゅう〉激しく争う）

You wouldn't believe they are brother and sister. They **fight like cat and dog**.
彼らが兄妹だってこと、君は信じないだろうね。しょっちゅう大喧嘩してるから。

free as a bird （〈鳥のように〉自由な）

Since she moved out, I feel **free as a bird**.
彼女が出て行ってから、僕は自由を満喫しているよ。

go the whole hog （〈何かを〉徹底的にやる）

It's a special occasion. Let's **go the whole hog**.
特別なチャンスだぞ。とことんやろう。

go to the dogs （没落する、悪くなる）

That place has really **gone to the dogs**.
あの場所は、ホントにすたれちゃったよね。

have got a frog in one's throat （しわがれ声である）

Sorry, I**'ve got a frog in my throat** today.
ごめん、今日はノドが枯れちゃってるんだ。

hog the ball （独り占めにする）

He's so greedy. Stop **hogging the ball** and pass it!
彼ってすごいガメツイよね。ボールを独り占めしないで、こっちにもよこせ。

hold your horses （慌てるな、落ち着いて）

"Let's go." "**Hold your horses** and let me finish my pint."
「行こうよ。」「まぁ慌てるな。このビール、全部飲ませてよ。」

let the cat out of the bag （ついうっかり秘密を漏らす）

Who **let the cat out of the bag**?
誰が秘密を漏らしたの？

look what the cat's dragged in
（ひどくむさくるしい、変な身なりをしている）

Oh my god! **Look what the cat's dragged in**.
こりゃひどい！　変な格好をしてんなぁ。

party animal （パーティー大好き人間）

I like him. He's a real **party animal**.
私、彼のことが好きよ。彼ってホント、パーティー大好き人間だからね。

play cat and mouse (with) （〜をもてあそぶ）

Let's stop **playing cat and mouse** and try to get some results.
無意味なゲームはやめにして、何か結果を出してみようよ。

run around like a blue-arsed fly （走り回る）

I've been **running around like a blue-arsed fly** all morning.
今朝は、ずっと慌しく走り回っていたよ。

be no spring chicken （若くない人）

She should get married when she can. She**'s no spring chicken** anymore.
彼女は結婚できる時には結婚すべきだよ。もうウブな乙女ってわけじゃないんだから。

snail's pace （ひどくのんびりした速度）

You been working at a **snail's pace** all day!
君は今日一日中、ノロノロと仕事をしていたよな！

teacher's pet （先生のお気に入り）

I bet you were **teacher's pet** at school.
絶対に、君は学校で先生のお気に入りだったと思うんだけどな。

the lion's share （一番大きい分け前、甘い汁）

How come he always gets **the lion's share**?
どうしていつも、彼が甘い汁を吸うんだろう。

the straw that broke the camel's back
（最後のごくわずかな付加）※ラクダの背荷物を縛るわらが一本切れる

I bet that was **the straw that broke the camel's back**.
絶対に、あれが最後のダメ押しだったと僕は思うね。

the tail wagging the dog（主客転倒）

It's a case of **the tail wagging the dog**.
それは、上下関係が逆転した場合です。

there's more than one way to kill a cat（方法は一つじゃない）

"What do you think?" "Well, **there is more than one way to kill a cat**, you know."
「どう思う？」「まぁ、いろんなやり方があるからいいんじゃないの。」

behave like an animal（行儀悪くする）

Stop **behaving like an animal**.
お行儀悪くするのはやめなさい。

fish for compliments
（お世辞を引き出そうと小細工をする）

Stop **fishing for compliments**. You know you look nice.
お世辞をやたらと言ってもらいたがるのはやめなよ。自分が格好いいっ
てわかってるくせに。

have kittens（イライラする）

Relax! No need to **have kittens**.
落ち着いて！　イライラすることはないんだから。

look sheepish（オドオドする）

What are you **looking** so **sheepish** for?
何に対して、そんなにオドオドしちゃってるの？

when the cats away (the mice will play)
（鬼の居ぬ間の洗濯）

She's away for two whole weeks. **When the cats away**...!
彼女は2週間ずっと留守なんだ。鬼の居ぬ間になんとやら、だね。

you can't swing a cat in here（とても窮屈だ、狭苦しい）

Not much room. **You couldn't swing a cat in here**.
空いているスペースはないね。狭くて身動きが取れないよ。

creepy crawly（昆虫）※のろのろ這い回るもの

I hate **creepy crawlies**.
私、虫は大嫌いなの。

Be careful.
He's an animal.

11 体に関する日常表現 ⋯⋯⋯⋯ THE BODY

"I sing the body electric."
Walt Whitman 1819-92 poem title.
「私は電気が走るような肉体の悦びを歌う」(ウォルト・ホイットマン)

　体というものは英語の中で重要な役割を担っており、何百もの表現が、体とそのさまざまな部位を使って作られています。これらの表現は、私たちの生活のあらゆる場面で用いられます。

頭 ⋯⋯⋯⋯⋯⋯⋯ THE HEAD

"Off with his head - so much for Buckingham."
Colley Cibber 1671-1757 from Richard III act 4.
「奴の首を取れ。バッキンガムもこれまでだな」(シバー)

go to one's head （慢心させる）

Don't let the fame **go to your head**.
名声にアグラをかくなよ。

heads will roll （何人かクビになる）

When he finds out, **heads will roll**!
彼に見つかったら、クビがいくつか飛ぶぞ。

stand logic on its head （逆手に取る、覆す）

That would be to **stand logic on its head**.
逆手に取るだろうね。

have a head for (something) （〜の才がある）

Steve really **has a head for maths**.
スティーブには数学の才能が確かにある。

keep [lose] one's head (落ち着いている［失う］)

If we **keep our heads**, we will win the contract.
冷静になれば、その契約が取れるぞ。

bring/come to a head (危機に陥る、熟す、はっきりさせる)

The problem really **came to a head** in the meeting.
その問題は会議ではっきりとした。

head over heels (in love) (ぞっこんで)

She's fallen **head over heels in love** with him.
彼女は彼にぞっこんになった。

make head or tail of (理解する)

I can't **make head or tail of** these instructions.
この説明はわけがわからない。

off the top of my head (即座に、よく考えないで)

Off the top of my head, it should arrive by next week.
要は、来週までには着くということです。

put our heads together (顔を突き合わせて相談する)

We all need to **put our heads together** before the meeting.
我々は会議の前に話し合う必要がある。

take it into one's head (ふと思いつく)

Why did he **take it into his head** to kill himself?
彼はなぜ自殺など思いついたのか。

over one's head (理解を超えている)

This is way **over my head**. Do you understand?
これはまったくわからないんだけど。君はわかった？

from head to foot/toe （頭のてっぺんから足の先まで）

Look at you! You're covered **from head to toe** in dirt.
ちょっと、頭のてっぺんから爪先まで泥だらけじゃない。

keep one's head down （世間の目を逃れる、自重する）

If I were you, I'd **keep your head down** for a week or two. Maybe he'll forget.
僕が君なら1、2週間自重するね。そのころには彼も忘れているだろうしね。

need (to have) one's head examined （頭がおかしい）

You said that? You **need to have your head examined**.
そんなこと言ったの？　一度頭を診てもらったら？

out of one's head （有頂天の、気がふれて）

She must be **out of her head** to go out with him.
彼とデートするなんて、彼女は気でもふれたのか？

do something standing on one's head （簡単にこなす）

Hey, this is so easy, I could **do it standing on my head**!
ねえ、これすごく簡単だよ。楽勝だったよ。

enter one's head （〈考えが〉浮かぶ、思いつく）

Honestly! It never **entered my head** to call you. Sorry!
ホントだよ、君に電話することを思いつかなかったんだ。ごめん。

got/have a head like a sieve （物覚えが悪い）

You didn't remember her birthday? You've **got a head like a sieve**.
彼女の誕生日、覚えてないの？　本当に物覚えが悪いな。

put ideas into one's head （〈考えを〉吹き込む）

Don't go **putting ideas into his head**. You know what he's like.
彼に吹き込むなよ。彼がどんな奴か知っているだろ。

髪の毛 ···**THE HAIR**

"She had three lilies in her hand, And the stars in her hair were seven."
Dante Gabriel Rossetti 1828-82 The Blessed Damozel.
「彼女は三本のユリを手にし、髪には七つの星が輝いていた」(ダンテ・ガブリエル・ロセッティの詩「幸いなる乙女」)より

split hairs （くだらないことを詮索する）

Let's not **split hairs** about it, shall we?
くだらないことを詮索するのはやめない？

the bald truth （ありのままの真実）

I want to hear **the bald truth** and nothing else!
僕は、ありのままの真実、それだけが知りたいんだよ！

keep your hair/knickers on （怒らない、平気でいる）

All right, mate. **Keep your hair on**! I was only joking.
わかったよ、怒らないで。ちょっとふざけただけだよ。

put hairs on your chest （体にいい）

Eat your sprouts! They'll **put hairs on your chest**.
芽キャベツを食べなさい。あなたの成長のためにとってもいいのよ。

let one's hair down （くつろぐ）

I feel like **letting my hair down** tonight. I haven't had a night out for a long time.
今夜はゆっくりしたいわ。長い間、夜遊びしていなかったから。

hair-raising （ぞくぞくするほど恐ろしい）

That new ride is quite **hair-raising**.
あの新しいアトラクションはかなり怖いよ。

顔 ···THE FACE

"If you want to picture the future, imagine a boot stamping on a face - for ever."
George Orwell 1903-50 Nineteen Eighty-Four.
「もし未来を描き出したいのなら、ずっと顔を踏みつけたままのブーツを想像しなさい」(ジョージ・オーウェル『1984』)

体に関する日常表現

be two-faced （表裏のある）

She**'s** really **two-faced**, don't you think?
彼女ってホントに表裏がある人だよね。そう思わない？

let's face it （正直に言うと）

Let's face it, he's not exactly Mr. Universe, is he?
正直言って、彼はちょっとミスター・ユニバースって感じじゃないよね。

on the face of it （一見したところ、あきらかに）

On the face of it, it's not such a bad idea.
一見したところ、悪いアイディアではないね。

face the facts （事実を直視する）

Face the facts. The Conservative Party is finished.
現実を見るんだ。保守党はもう終わったんだよ。

face the music （厳しい現実に立ち向かう）

It was your mistake, so you'll have to **face the music**. Not me.
君の間違いなんだから、僕じゃなくて君がそれに立ち向かわないと。

face up to something （立ち向かう、受け止める）

Well, **face up to it**. You're not as good as you think you are.
現実をしっかりと見ろよ、おまえは自分が思っているほど優秀じゃないんだよ。

face value （額面どおり）

You shouldn't take what he says at **face value**.
彼の言うことを、そのまま聞いちゃだめだよ。

in the face of（〜にもかかわらず）

How could you have done that **in the face of** what I said?
私が言ったのに、どうしてそんなことができるのですか？

keep a straight face（笑いをこらえる）

When Jeff farted, I couldn't **keep a straight face**.
ジェフがおならをした時、笑いをこらえることができなかった。

pull/make a face（いやな顔をする）※主に子供に使う

You shouldn't **pull faces**. If the wind changes, your face'll stay like that!
そんなしかめっ面をしないの。風向きが変わったら、ずっとそのままの顔になっちゃうよ。

show one's face（顔を出す）

He'd better not **show his face** around here again.
彼はこのあたりに2度と顔を出さない方がいい。

shut your face（黙る）

Just **shut your face**, all right!
とりあえず黙れ、わかったか！

the unacceptable face of（容認しがたい様相）

This is disgraceful. This is **the unacceptable face of** English football. There needs to be tougher laws against these hooligans.
これはひどいですね。イギリスのサッカーの受け入れがたい一面です。あのフーリガン達を取り締まる厳しい法律が必要です。

to one's face（面と向かって）

He's not brave enough to say it **to my face**!
彼は私に面と向かって言える程、勇気がない。

目 ···································· **THE EYES**

"Eyes have they, and see not."
Book of Common Prayer Psalm 115, v.5.
「彼らは目はあっても、見えていないのだ」祈祷書　詩篇

through the eyes of / through one's eyes
（〜の視点で、〜の立場になって）

Yes, but you're not seeing it **through his eyes**, are you?
そう、でも君は彼の視点でものを見ているわけじゃないでしょ？

with an eye to （〜を目的として）

I've come **with an eye to** seeing the National Art Gallery.
ロンドン国立美術館を見たくて来たんだ。

an eye-opener （目を見張らせるもの、啓発的なこと）

My trip to India was **a** real **eye-opener**.
インドへの旅はとても啓発的だった。

can't take one's eyes off （〜から目が離せない）

I **can't take my eyes off** her legs.
彼女の足から目が離せない。

catch one's eye （目を引く）

Try and **catch the waiter's eye,** will you?
ウェイターの目を引いてくれる？

clap eyes on （見かける）

I haven't **clapped eyes on** Janis for donkey's.
何年もジャニスを見かけてないなあ。

get one's eye in （見る目を養う）

I haven't played cricket for ages. I'll need to **get my eye in** first.
クリケットなんて、何年もやってないよ。まずはボールに目を慣らさないと。

have an eye for （〜に対して眼識がある）

He **has an eye for** modern art. I always follow his advice.
彼は現代美術の眼識がある。僕はいつも彼のアドバイスに従っている。

have an/one's eye on something （〈欲しくて〉目をつける）

I've **had my eye on a new car** for a while now.
しばらくの間、新しい車に目をつけている。

keep an eye on （目を離さないでおく）

I'm just going to the loo. Can you **keep an eye on** my things? I won't be a sec.
トイレに行ってくるから、僕の荷物を見てて。すぐ戻るから。

keep an eye open / keep an eye out for （見張る、注意を払う）

Keep an eye open for the bus. We can't miss this one.
しっかりとバスを見ていてよ。これに乗りそこなうわけにはいかないんだから。

out of the corner of one's eye （横目で見る）

I just saw it fall **out of the corner of my eye**.
私はそれが落ちるのを横目で見た。

cast an eye over （ざっと目を通す）

Could you **cast an eye over** this document before I print it out?
プリントアウトする前に、ざっとこの書類に目を通していただけますか？

see eye to eye （見解が一致する）

I know we don't **see eye to eye**, but we have to cooperate.
意見が合わないのはわかっているけれど、我々は協力しなければならない。

see things （幻を見る）

I don't believe you. I think you are **seeing things**.
あなたの言うことは信じないよ。ただの幻を見たんだよ。

with one's eyes shut （目をつぶったままでも、楽々と）

That's a piece of cake. I could do it **with my eyes shut**.
それは簡単だよ。目をつぶっていてもできるよ。

◎ DISC 1　TRACK 36

耳 ⋯⋯⋯⋯⋯⋯⋯⋯⋯⋯⋯⋯⋯⋯⋯⋯⋯⋯ **THE EARS**

"Friends, Romans, countrymen, lend me your ears; I come to bury Caesar, not to praise him."
William Shakespeare Julius Caesar act 3.
「友よ、ローマ人よ、皆さん、どうか聞いてください。私はカエサルを褒め称えるためでなく、倒して葬り去るために来たのです」(シェイクスピア)

all ears （一心に耳を傾ける）

Go ahead. I'm **all ears**.
どうぞ続けてください。ちゃんと聞いていますよ。

be/go in one ear and out the other （右から左へ聞き流す）

It**'s in one ear and out the other** with you, isn't it?
ねえ、いまの右から左へ聞き流したでしょう？

have one's ear to the ground （世の中の動きに注意を払う）

In this business you always need to **have one's ear to the ground**.
この仕事では、常に世の中の動きに注意しなくてはいけない。

hear a pin drop （ピンが落ちる音も聞こえるほど静かな）

It was so quiet I could've **heard a pin drop**.
ピンが落ちる音も聞こえるくらい静かだった。

hear oneself think （〈まわりがざわついた所などで〉考えをまとめる）

Can you lot be quiet? I can't **hear myself think** over here.
黙ってくれる？　考えられないよ。

hear out （最後まで聞く）

If you'll just **hear** me **out**, I can explain things.
最後まで聞いたら、説明します。

hear things （幻聴）

There's no one there. You're **hearing things**.
そこに誰もいないよ。幻聴だよ。

play it by ear （直感的に即興でする）

Let's **play it by ear** and see what happens.
とりあえずやってみて、どうなるかを見てみよう。

up to the ears （忙殺されて、身動きが取れない）

He's **up to the ears** in this scandal.
このスキャンダルで、彼は身動きが取れない。

walls have ears （壁に耳あり）

Sssh! **Walls have ears**, you know.
しっ！　壁に耳ありだ。

a word in one's ear （内緒話、耳打ち）

I'd like **a word in your ear**, if I may?
ちょっと個人的に話があるんだけど、いい？

鼻 ··▶**THE NOSE**

"Had Cleapatra's nose been shorter, the whole face of the world would have changed."
Blaise Pascal 1623-62 Pensées.
「もしクレオパトラの鼻がもっと低かったら、世界全体が今とは違うものになっていただろう」(パスカル『パンセ』)

follow one's nose （直感で行動する、まっすぐ行く）

Just **follow your nose**.
ただまっすぐ行く。

get up one's nose （人をいらいらさせる）

Tom really **gets up my nose**!
トムは本当に私をいらだたせる。

look down one's nose （蔑む）

Don't **look down your nose** at me!
私を蔑まないで。

no skin off one's nose （知ったことか、関係ない）

Go if you want to. It's **no skin off my nose**.
行きたきゃ行けよ、俺には関係ない。

nosey (Parker) （おせっかいな）

Oi! **Nosey**! Go away and mind your own business.
おせっかいなんだよ、あっちへ行って自分のことを気にしろよ。

poke one's nose into （詮索する、ちょっかいを出す）

She's always **poking her nose into** other people's business.
彼女はいつも、他人の事を干渉している。

rub one's nose in it （あてこすりをする）

You don't have to **rub his nose in it**, just because you won.
君が勝ったからって、彼にあてこすりしなくてもいいじゃん。

体に関する日常表現

smell a rat （胡散臭く思う）

Something's not quite right. I can **smell a rat**.
何かがおかしいよ。胡散臭い。

turn (up) one's nose up （〜を鼻であしらう）

Can you believe it! I just gave the dog a juicy piece of steak and he **turned his nose up** at it.
信じられる？　その犬にいい肉をあげたのに、鼻であしらったんだよ。

under one's nose （人のすぐ目の前で）

Are you blind! It's right **under your nose**.
目が見えないのかよ！　すぐ目の前だよ！

歯 ··**THE TEETH**

"Nature, red in tooth and claw."
Alfred, Lord Tennyson 1809-92 In Memorium A.H.H.
「自然、その牙と鉤爪は赤い」(アルフレッド・テニソン卿、『A.H.H.追悼詩』)

bite off more than one can chew （手に余ることをする）

Sarah's **bitten off more than she can chew** by going out with Henry.
サラはヘンリーと出かけたりして、余計なことに手を出しすぎる。

bite one's lip （怒り、笑いを抑える）

Just **bite your lip** and get on with it.
唇噛んでこらえて続けて。

bite one's tongue off （失言を悔やむ）

I could've **bitten my tongue off**, after saying that.
それを言ってしまってから、言うんじゃなかったと思った。

bite one's head off （食ってかかる）

Jack just **bit my head off**! For no reason!
ジャックは理由もないのに、僕に食ってかかってきた。

get one's teeth into （取り組む）

I can't wait to **get my teeth into** the next project.
早く次のプロジェクトに取り組みたい。

kick in the teeth （ひどい仕打ちをする）

Promoting John first was a real **kick in the teeth** for Tom.
ジョンが先に出世したことは、トムをがっかりさせた。

lie through one's teeth （真っ赤なうそをつく）

I knew he was **lying through his teeth** at the time.
私はその時彼が、真っ赤なうそをついていたのがわかった。

set one's teeth on edge （いらいらさせる）

That noise really **sets my teeth on edge**.
あの音には、本当にいらいらするよ。

two bites of the cherry （再度挑戦する）

You want to be grateful you had **two bites of the cherry**.
再挑戦できてうれしいでしょ。

☐ ‥‥‥‥‥‥‥‥‥‥‥‥‥‥‥‥‥‥‥‥‥‥‥‥‥‥**THE MOUTH**

"It is impossible for an Englishman to open his mouth without making some other Englishman hate or despise him."
George Bernard Shaw 1856-1950 Pygmalion.
「イギリス人が口を開けば、必ず誰か他のイギリス人が、彼に対して憎悪や軽蔑の念を抱くことになる」
(ジョージ・バーナード・ショウ『ピグマリオン』)

you're telling me! / you can say that again!
(そのとおりだよ！　もうわかったよ！)

You're telling me!
もうわかったよ！

(by) word of mouth （口頭で、口コミで）

I heard it **word of mouth**.
それについては口コミで聞いたんだ。

read my lips （よく聞く）

Read my lips. You are not going!
よく聞きなさい。行っちゃだめだ！

a slip of the tongue （ついうっかり言うこと）

I didn't mean it! It was **a slip of the tongue**.
そういうつもりじゃなかったのに！　つい口が滑っただけなんだよ。

as far as one can tell （わかる限り、言える範囲で）

As far as I can tell, it's all lies.
僕の知っている範囲で言わせてもらえば、それはすべて嘘だね。

as the saying goes.... （諺にもあるように）

As the saying goes... you can lead a horse to water, but you can't make it drink.
諺にもあるように、馬を水辺へ連れて行くことはできるが、無理やり水を飲ませることはできない。

go without saying （言うまでもなく）

It **goes without saying**. We all know that.
言うまでもなく、みんなそれを知っているよ。

have got a big mouth （おしゃべり）

You'**ve got** such **a big mouth**. I told you not to tell anyone.
本当におしゃべりだよね。誰にも言うなって言ったじゃん。

have one's say （自分の意見を言う）

I want to **have my say** as well.
私も自分の意見を言いたい。

I dare say （多分〜だと思う）

I dare say you are right, but I don't think he will agree.
あなたが正しいと思うわ。でも彼は納得しないでしょうね。

I must say （本当に、まったく）

I must say that your English has improved since the last time we spoke.
この前話した時より、君の英語は上達したよ、本当に。

I say! （ちょっと）

I say! Did you see that?
ちょっと、あれ見た？

I told you so （私が言ったとおり）

See. **I told you so**. I knew he wouldn't come.
ほらね、言ったじゃん。ぼくは彼が来ないって知ってたよ。

I'll say one thing （1つだけ言えることは）

I'll say one thing. At least they serve decent wine.
1つだけ言うとすれば、少なくともまともなワインを出すところだよ。

I'll tell you what （そうだ、あのさ）

I'll tell you what. You pay for the food and I'll get the drinks.
そうだ、僕が飲み物代を払うから、食べ物は君が払ってよ。

keep one's mouth shut （黙っている）

In that situation, it's best to **keep your mouth shut**.
この状況では黙っているのが一番いい。

put words into/in one's mouth
（言いもしないことを言ったことにする）

Don't **put words in her mouth**. Let her speak for herself.
彼女が言ってもいないことを言ったことにしないで、彼女に喋らせてよ。

say a lot for （～をよく表している）

That doesn't **say a lot for** you, does it?
あんなことを言うなんて、あなたがあまりいい人だとは思えないわね。

say what you mean （思っていることを言う）

Why don't you just **say what you mean**?
言いたいことを言えば？

says who? （まさか、よく言うね）

Oh yeah! **Says who**?
へーっ！　だれがそう言うんだい？

so to speak （いわば）

It's as if he's trying to be bigger than he is, **so to speak**.
言ってみれば、実際より自分を大きく見せようとしているんです。

speak for itself （〈事が〉はっきりしている）

His behaviour **speaks for itself**.
彼の振る舞いが雄弁に物語っている。

speak for oneself （自説だけを述べる）

Heh! **Speak for yourself**. I don't agree.
ちょっと、勝手なことを言わないでよ。賛成できないね。

speak of the devil （噂をすれば影）

Speak of the devil! We were just talking about you.
噂をすれば影だね、ちょうど君の話をしていたんだ。

speak volumes （明白な証明となる）

That **speaks volumes** for him, doesn't it?
あれは彼にとって大いに意味がある。

speak well of （〜を誉める）

Mary always **speaks well of** you.
メアリーはいつもあなたを誉めているわ。

speak your mind （思うことをはっきり言う）

You should always **speak your mind**.
いつも、思うことをはっきり言うべきだ。

speaking of which （〈話に出たことで思い出して〉そういえば）

Speaking of which, I must give her a call tonight.
そういえば、彼女に今晩電話しなくちゃ。

to say the least （控えめに言っても）

Her attitude was terrible, **to say the least**.
彼女の態度はひどかった、控えめに言ってもね。

to tell the truth （本当のことを言うと）

To tell the truth, I haven't been feeling too well lately.
本当は、最近あまり調子がよくないんだよね。

you don't say （まさか）

You don't say!
まさか！

◎ DISC 1　TRACK 40

腕 ･･････････････････････････････THE ARMS

"But in my arms till break of day
Let the living creature lie ..."
WH Auden 1907-73 Lullaby

「しかし夜が明けるまで我が胸に生きとし生けるものたちを眠らせよ」（W・H・オーデンの詩『ララバイ』）

at arm's length （敬遠して）

I'd keep him **at arm's length**, if I were you.
私があなただったら、彼を近づけないでおきます。

chance one's arm （〈失敗を覚悟のうえで〉思い切ってやる）

I wouldn't **chance my arm** for that.
私だったら、それをわざわざやらないな。

elbow grease （一生懸命働くこと、力仕事）

Come on! Put a bit more **elbow grease** into it.
ちょっと、もっとがんばって働きましょう。

give the elbow （縁を切る、首にする）

She **gave** you **the elbow**, just like that?
彼女はそうやってあなたに肘鉄を食らわしたの？

would give one's right arm for （どんな犠牲も払う）

I'd **give my right arm for** a ticket.
チケットのためならどんな犠牲も払う。

手 ···THE HANDS

"Slang is a language that rolls up its sleeves, spits on its hands and goes to work."
Carl Sandburg 1878-1967 from New York Times.

「スラングとは、言葉が腕をまくって両手に唾をかけ、そして仕事に出かける、そういう生きた言葉なのだ」(カール・サンドバーグ)

体に関する日常表現

a handful （手に余る人・仕事）

That kid's **a** real **handful**.
あの子ったら、ホントに問題児なのよ。

hands off / get your paws off （触るな）

Hands off. It's mine!
触るな。俺のだぞ！

off-hand （不注意な、無作法な）

Don't you think he was a bit **off-hand**?
彼ってちょっと無礼だと思わない？

give (someone) a hand with （手を貸す）

Could you **give me a hand with** this for a moment?
ちょっとの間だけ、これに手を貸してもらえない？

a show of hands （挙手による意思表示）

I want to see **a show of hands** for all those in favour.
賛成してくださる方の挙手を願います。

be in good hands （確かな人の元にいる）

Don't worry. You **are in good hands** now.
大丈夫だよ。確かな人についているから。

change hands （持ち主が変わる）

I hear it **changed hands** for almost nothing.
ほとんどただで持ち主が変わったらしいよ。

get one's hands on （手に入れる、捕まえる）

I want one of those. Where can I **get my hands on** one?
これ、一個欲しいな。どこで手に入るの？

have a hand in （〜に関係している）

Bill **had a hand in** making the house.
ビルが家づくりに関与しています。

get/have one's hands full （手がいっぱい、多忙をきわめている）

I've **got my hands full** at the moment. I'll give you a bell later.
ちょっと今、手がふさがっているから、後で電話するよ。

(have) one's hands tied （手がふさがって）

I'm sorry, but **my hands are tied**. I can't help you at all.
ごめん、今、手がふさがっていて手伝ってあげられないんだ。

on hand （手元に持ちあわせて、間近に）

I like to have all my reference books **on hand**.
参考文献をすべて手元に置いておきたいんだ。

on the one hand [on the other hand] （一方で[もう一方で]）

On the one hand, I tend to agree with you. But **on the other hand**, you haven't taken everything into account.
一方で、私はあなたに賛成したい気持ちに傾いています。もう一方で、あなたはすべてを考慮してはいないのも事実です。

out of hand （手に負えない）

You were completely **out of hand** last night.
昨夜の君はまったく手に負えなかったよ。

take the law into one's own hands （法によらず自分勝手に処罰する）

No matter what happened, you can't **take the law into your own hands**.
何が起きても、自分勝手に制裁を加えてはいけない。

the upper hand （優位）

In business, it's important to get **the upper hand**.
ビジネスにおいては、優位に立つことが必要だ。

指　••**THE FINGERS**

"I could not get the ring without the finger."
Thomas Middleton 1580-1627 The Changling act 3.
「指がなくて指輪をすることができなかった」（トマス・ミドルトン『チェンジリング（取替えっ子）』第3場）

rule of thumb （大雑ぱな方法、経験に基づく方法）

As a **rule of thumb**, always start with this one first.
経験側として、いつもこれを最初に始めなさい。

keep one's fingers crossed （成功を祈る）

※人差し指に中指を重ねて十字架を象徴し、魔よけや幸運を祈る印を作って

Let's hope so. We'll have to **keep our fingers crossed**.
そう願おう。幸運を祈っておかなくてはいけませんね。

not lift a finger （少しも労をとらない）

He won**'t lift a finger** to help!
彼はちっとも手伝おうとしないんだ。

all fingers and thumbs （不器用で）

I'm **all fingers and thumbs** today.
今日はうまくできないなあ。

get one's finger out （すぐに本気で仕事に取り掛かる）

Get your finger out. Otherwise, we'll be late.
すぐに仕事に取り掛からないと、間に合わないぞ。

give someone the finger（中指を立てる）※怒りを示す

Did you see that! He just **gave me the finger**!
ちょっと見た？　彼、私に中指を立てたわよ。

keep/have one's finger on the pulse（最新の情報に通じている）

In the music business, you've got to **have your finger on the pulse** at all times.
音楽業界では、常に実状を正確に把握していることが必要とされる。

knuckle down（降参する、仕事に精を出す）

Come on. **Knuckle down** everyone. We've got a lot to do today.
おい、仕事しろよ。今日はやることがたくさんあるんだから。

point the finger at（〈犯人・責任ある人〉を指し示す・責める）

Don't **point the finger at** me. I wasn't even there.
俺を責めないでよ。その時、いなかったんだから。

put one's finger on（〜を突き止める、指摘する）

I can't quite **put my finger on** what it is about him, but something's not right.
彼の何についてかはっきりとは指摘できないけど、どこか好ましくないのよね。

snap one's fingers（指をぱちんと鳴らす）※軽蔑のしぐさ

Don't **snap your fingers** at me. I'm not your slave.
指を鳴らして呼ぶな、私はあなたの奴隷じゃないんだから。

wrap around one's little finger（思うままに操る）

You've got him **wrapped around your little finger**, haven't you?
彼を丸め込んだんでしょ。

心臓 ···THE HEART

"I know I have the body of a weak and feeble woman, but I have the heart and stomach of a king, and of a king of England too."
Elizabeth I 1533-1603 Speech to the troups at Tilbury.
「私の肉は弱く脆い女のもの、しかし私の心臓と胃は王者のもの、それもイングランドの王としてふさわしい器である」
(エリザベス一世、ティルバリーにおける軍隊への演説)

体に関する日常表現

the heart of the matter（物事の核心）

Let's get straight to **the heart of the matter**, shall we?
まず率直に事の核心に迫ってみようよ。

learn off by heart（暗記する）

I want you all to **learn** today's irregular verbs **off by heart** before Monday.
全員、月曜までに今日習った不規則動詞変化を暗記してくるように。

a change of heart（気が変わる）

I've had **a change of heart**. I don't want to go after all.
気が変わった。やっぱり行きたくない。

have got one's heart in it（うわのそら）

You **have**n't really **got your heart in it** today, have you?
今日ずっと、うわのそらだったよね。

heart-searching（自分の心を探る、反省する）

I've got a lot of **heart-searching** questions to ask you all.
皆さんの心の内を知るための多くの質問がある。

heart-warming（心温まる）

There was a **heart-warming** response from the audience.
観客からの心温まる反応があった。

in good heart （元気よく）

Sidney was **in good heart** at the weekend.
シドニーは週末活気があったよ。

lose heart / take heart （がっかりする）

Don't **lose heart**. We can still stay up this season.
気を落とすなよ。今シーズンはまだ、リーグ落ちしないから。

pour one's heart out （心情を打ち明ける）

I had Janet **pouring her heart out** to me last night.
昨夜、ジャネットが心のうちを私にすっかり打ち明けた。

have one's heart in the right place （温かい心がある）

He does **have his heart in the right place**, though.
彼、根は親切なんですけどね。

take to heart （自分に向けられたものだと真剣に考える）

Don't **take** it **to heart**. I didn't mean what I said.
本気にするな、口だけだ。

◎ DISC 1 TRACK 44

胃 ••**THE STOMACH**

*"Finance is, as it were, the stomach of the country,
from which all other organs take their tone."*
WE Gladstone 1809-98 from Article on Finance in HCG Matthew's book Gladstone 1809-1874.
「財政とは、いわば、その国の胃である。それによって他の全器官の調子が左右される」(W・E・グラッドストーン)

have a strong stomach （丈夫な胃を持っている、精神的に強い）

You need to **have a strong stomach** for that kind of job.
その手の仕事をするんだったら、胃が丈夫じゃなきゃだめだね。

bust a gut （大いに努力する）

I wouldn't **bust a gut** over it. It's not worth it.
そのために努力はしないだろうね。努力する価値はないから。

butterflies (in one's stomach) （不安で落ちつかない、気おくれする）

I've got **butterflies** about this interview.
面接で緊張したよ。

can't stomach （食べられない）

I'm **not** sure I **can stomach** a fried egg this morning.
今朝は目玉焼きは食べられそうにない。

hate someone's guts （腹の底から嫌う）

She's **hated my guts** for a long time.
彼女は僕のことを、長い間心から憎んでいる。

have no stomach for （〜したくない）

He **had no stomach for** the fight.
彼は喧嘩なんかしたくなかった。

◎ DISC 1　TRACK 45

膝と脚 ‥‥‥‥‥‥‥‥‥‥‥‥‥**THE KNEES AND LEGS**

"It is better to die on your feet than to live on your knees."
Dolores Ibarruri 1895-1989 speech in Paris.
「おまえの膝元で生きているくらいなら、おまえの足元で死んだ方がましだ」(ドロレス・イバルリ)

a leg up （〈高い所に乗るための〉手伝い、乗せること）

Give us **a leg up**, will you?
手を貸してよ。

knees-up （パーティー）

Harry's having a **knees-up** at his place.
この場所でハリーはパーティーを開いているわよ。

leg it （逃げる）

Leg it. The coppers are coming.
逃げろ、サツが来るぞ。

not a leg to stand on （根拠がない）

Don't worry about the court case. They do**n't** have **a leg to stand on**.
裁判のことは心配しなくていいよ。奴らは何の根拠もないんだから。

pull one's leg （人をからかう）

He's only **pulling your leg**. Relax!
彼は君をちょっとからかっているだけだよ。落ち着いて。

stretch one's legs （散歩する）

I'm just popping out to **stretch my legs**.
ちょっと散歩しているだけだよ。

the bee's knees （とびきり良いもの）

She thinks she's **the bee's knees** or something.
彼女は自分を一番いい女か何かと思っているよ。

足 ••••••••••••••••••••••••••••••••••••••THE FEET

"Foot - foot - foot - foot sloggin' over Africa - (Boots - boots - boots - boots movin' up and down again!)"
Rudyard Kipling 1865-1936 Boots.
「同じことの永遠なる反復―靴の使命」(ラジャード・キプリング『ブーツ』)

put a foot wrong（間違いをする）

You'll do well if you don't **put a foot wrong**.
間違いを犯さなければ大丈夫だよ。

drag one's feet/heels（足を引きずる、故意にのろのろ歩く）

Stop **dragging your feet** and get a move on.
のろのろ歩いてないで、速く行け！

find one's feet（環境に慣れる）

Let's wait until he **finds his feet** before we let him do that.
今やらせるより、彼が環境に慣れるまで待ちましょう。

foot the bill（勘定を払う）

It's his turn to **foot the bill**.
彼が払う番だ。

get/have cold feet（怖気づく、いざという時に躊躇する）

It's too late to **get cold feet** now.
今さら怖気づいても手遅れだよ。

keep one's feet（慎重に行動する）

You'll need to **keep your feet** here. It's a bit slippery.
足元に気をつけて。滑りやすいから。

land on one's feet（災害から立ち直る、運がいい）

It looks like you've **landed on your feet** again, you jammy git.
また首尾よく難を免れたようだね、幸運な奴だ。

体に関する日常表現

put one's foot in it （しくじる）

I really **put my foot in it** last night. I could've died.
昨夜は本当にどじを踏んだ。死んでいたかもしれないよ。

rushed off one's feet （せきたてられる、忙しく働かされる）

We've been **rushed off our feet** all week.
今週ずっと忙しく働いていた。

set foot in （足を踏み入れる）

I haven't **set foot in** there for ages.
何年もそこに足を踏み入れていない。

start off on the wrong foot （出だしでつまずく）

Whatever you do, don't **start off on the wrong foot** with him.
何をするにしても、彼のことで出だしでつまずくなよ。

under someone's feet （邪魔になって）

Will you go away! You've been **under my feet** all morning.
どこかに行ってくれない？　今朝からずっと邪魔なのよね。

◎ DISC 2　TRACK 2

呼吸 ……………………………………………………THE BREATH

"The years to come seemed waste of breath, a waste of breath the years behind."
WB Yeats 1865-1939 An Irish Airman Forsees his Death.
「過ぎ去りし歳月は、虚無への忘却。未来からの歳月は、虚無との再会」(W・B・イェイツ『死を予感しているアイルランド航空兵』)

not hold one's breath （固唾を飲んで見つめないで）

I'll do it, but do**n't hold your breath**.
やるから、でもそれほど期待しないでね。

can breathe again（ほっとする）

I'm glad he's gone. I **can breathe again** now.
彼がいなくなってくれてよかったよ。やっとほっとできる。

breath of fresh air（野外の空気を吸う）

I'm just popping out for a **breath of fresh air**.
ちょっと外の空気を吸いに出てくる。

breathe life into（新風を吹き込む）

The new manager has **breathed life into** the company.
新しい支配人はその会社に新風を吹き込んだ。

breather（しばしの休息）

Let's stop. I need a **breather**.
ちょっと待った。一息つこう。

breathing space（休息の機会、動く余裕）

Stand back. I need some **breathing space**.
ちょっと下がって。もう少し場所が必要なんです。

breathtaking（畏敬の念を抱かせる、わくわくさせる）

The Lake District was **breathtaking**.
湖水地方は畏敬の念を抱かせるほど美しかった。

not breathe a word of（秘密を一言も漏らさない）

I do**n't** want you to **breathe a word of** this to anyone. OK?
このことは誰にも言って欲しくないんだけど、いいかな。

out of breath（息を切らして）

You look **out of breath**. What've you been doing?
息が切れているよ、何をしていたの？

save one's breath （余計な口出しを控える、むだ口をきかない）

I'd **save your breath** if I were you. He never listens to anyone.
私があなたなら、余計な口出しはしませんね。彼は人の話を決して聞きませんから。

under one's breath （小声で）

Stop muttering **under your breath** and speak up.
小声でぶつぶつ言うのをやめて、はっきり言いなさい。

waste one's breath （無駄な言葉を費やす）

I wouldn't **waste my breathe**. He won't let you.
言うだけ無駄だよ。彼はあなたにさせないでしょう。

脳と精神 ·················**THE BRAIN AND THE MIND**

"An intellectual is someone whose mind watches itself."
Albert Camus 1913-60 Notebooks 1935-42.
「知識人とは、自分の精神を客観視できる人間のことだ」（アルベール・カミュ『備忘録』）

touch/hit a nerve （神経に障る）

That **hit a nerve**. He's very sensitive to criticism.
あれには頭に来た。彼は批評に敏感だからね。

lose one's nerve （気後れする）

I **lost my nerve**. I couldn't go in.
気後れしちゃったんだ。中に入れなかったよ。

nerve-racking （ひどく緊張する）

That was such a **nerve-racking** interview.
まったく、ひどく緊張した会見だったよ。

have in mind（意図している）

What exactly do you **have in mind**?
実際には何を考えているの？

an open mind（偏見のない）

It's important to have **an open mind** about it.
それについては、偏見を持たないことが大切だよ。

mind you（いいかい、気をつけて）

Mind you, he's quite good at it.
気をつけなさい。彼はそれについてはかなり上手いですよ。

have a mind of one's own（自分自身の考えがある）

This bloody computer **has a mind of its own**!
このとんでもないコンピュータは、勝手なことをするんだ！

cross one's mind（…の脳裏をよぎる）

It did **cross my mind** to invite her.
彼女を招待するっていうのも、ちょっと考えたんだけどね。

presence of mind（危急に際しての平静、平常心）

It was a good job he had the **presence of mind** to call the police.
彼が冷静に警察を呼んだっていうのは偉いよ。

a one track mind（バカの一つ覚え）

He has **a one track mind**. SEX, SEX, SEX!
彼のバカの一つ覚え。セックス、セックス、セックス。

at the back of one's mind（どこか頭の片隅に）

It's been **at the back of my mind** all week to do that.
今週ずっとそれが頭の片隅にあったよ。

bear/keep in mind （心にとどめておく）

I'd like you all to **keep in mind** the main aim of the plan.
皆さんにこの計画のねらいを心にとどめておいてもらいたい。

blow one's mind （恍惚とさせる）

What a great film! **Blew my mind** completely.
すごい映画だった！　完全に心奪われたよ。

bore out of one's mind/skull （退屈で狂いそう）

Let's do something. I'm **bored out of my skull** here.
何かしようよ。退屈で狂いそう。

brainwash （洗脳する）

These cults **brainwash** people into giving them all their money.
これらのカルト教団は信者にすべてのお金を出すように洗脳する。

brainwave （脳波、ひらめき）

I've just had a **brainwave**! Let's put it over there.
ひらめいた。そっちへ置こう。

brainless （バカ、低脳）

You **brainless** idiot. Why did you say that?
大バカ野郎。何でそんなことを言ったんだ？

brainstorm （意見を出し合う）

We need to **brainstorm** the idea and see what we come up with.
意見を出し合って、何か考え出せるか見てみよう。

call to mind （思い出させる）

That **calls to mind** the time we went to Wales.
それは、ウェールズに行った時を思い出させる。

change one's mind（気が変わる）

I've **changed my mind**. You can go instead.

気が変わった。代わりに行っていいよ。

come to one's knowledge（〜の耳に入る）

It has **come to my knowledge** that you were out of the office last week.

先週君が事務所にいなかったって聞いたよ。

have on one's mind（気にかけている）

If you **have** something **on your mind**, please tell me.

何か気にかけているんだったら、私に話してみてよ。

in two minds（心がぐらついている）

I can't decide. I'm **in two minds** about it.

決められないよ。どっちつかずだ。

never mind（気にしないで、何でもない）

Never mind. We can go next week.

気にしないで。来週行けるよ。

slip one's mind（忘れた）

Sorry. It **slipped my mind**. I'll do it tomorrow.

ごめん。忘れてた。明日やるよ。

裸と身体 ·················NAKEDNESS AND THE BODY

"Truth! Stark naked truth, is the word."
John Cleland 1710-89 Fanny Hill.
「その言葉ははっきりとした事実だ」(クレランド)

be a nobody （取るに足りない人）

Don't worry about him. He**'s a nobody**.
彼の事なんか気にするなよ。どうってことない奴だよ。

feel it in one's bones （直感的に確信する）

I can just **feel it in my bones**. They're going to lose.
なんとなく予感がするんだ。彼らは負けるよ。

the funny bone （ひじ）※何かぶつけた時だけ elbow がこの呼び名になる

Ouch! That's **my funny bone**!
イタタ。ひじの先をぶつけて、しびれちゃったよ。

a skeleton in the/one's cupboard （家庭の秘密、恥ずべき過去）

I'm sure he's got **a few skeletons in his cupboard**.
彼はきっと話したくない過去をいくつか隠し持っているよ。

is someone decent （人に見られてもいい程度に服を着ている）

Are you decent? Can I come in?
服着てる？　入ってもいい？

be oneself （いつもどおり）

I'**m** not really **myself** today.
今日はちょっと普通じゃない。

bollock-naked / in one's birthday suit / in the altogether / starkers / in the raw / in the nuddy / not a stitch / in the buff / in the nude（裸の）

Did you see? He was stark **bollock-naked**!
見た？　彼、真っ裸だったよ。

streak（全裸で公共の場を走りぬける）

I wouldn't have the guts to **streak** like that.
あんな風に公共の場所を全裸で走りぬけるガッツはないな。

the naked eye（肉眼）

It's very hard to see with **the naked eye**.
肉眼だと見づらい。

◎ DISC 2　TRACK 5

感覚 ⋯⋯⋯⋯⋯⋯⋯⋯⋯⋯⋯⋯⋯⋯⋯⋯⋯ THE SENSES

"Money is like a sixth sense without which you cannot make a complete of the other five."
W Somerset Maugham 1874-1965 Of Human Bondage.
「お金というのは第六感とでも言うべきものだ。それなくしては他の五つの感覚を満足させることができないのだから」
（サマセット・モーム『人間の絆』）

come to one's senses（意識を取り戻す）

He'll **come to his senses** one day.
彼はそのうち迷いからさめるでしょう。

a sense of proportion（分別、冷静さ）

It's important to keep **a sense of proportion**.
冷静でいるっていうのは大切だよ。

make sense（道理にかなう、意味がわかる）

These instructions don't **make sense** to me.
この使用説明書、僕には理解できないよ。

be touchy（神経質な、扱いにくい）

Be careful what you say. She**'s very touchy**.
言葉には気をつけなよ。彼女はすごく神経質だから。

◎ DISC 2　TRACK 6

病気 ･･･**ILLNESS**

"All the ills of democracy can be cured by more democracy."
Alfred Emanuel Smith 1873-1944 speech in New York Times.
「民主主義の病気はすべて、さらなる民主主義によって治療することができる」(アルフレッド・エマニュエル・スミス)

a blind date（第三者の紹介による面識のない男女のデート）

Are you going to set me up on **a blind date** with her?
君は、面識のない彼女と僕にデートさせようとしているのか？

be blindingly obvious（完全に明白である）

It**'s blindingly obvious**, I would have thought.
完全にわかる、と思うけど。

hard of hearing（聞き取りにくい）

You'll have to speak up. I'm **hard of hearing**.
もっと大きい声で話してよ。聞き取りにくいんだ。

dumb(ing) down（〈質やレベルが〉悪くなって）

They seem to be **dumbing down** all the exams nowadays.
近頃、テストすべての質が落ちて、簡単になってきているようだ。

a lame excuse（ヘタな言い訳）

That's **the lamest excuse** I've ever heard.
今まで聞いた中でも、最悪な言い訳だわ。

virus / bug（コンピュータ・ウィルス）

You need to protect your computer from all these **bugs** being sent round.
こういうウィルスが送られてきたりするから、コンピュータを守らなくちゃならないんだよ。

be a headache（頭痛の種）

He**'s a** real **headache**, that one.
彼はホントに頭痛の種なのよ。

no pain, no gain（痛みなくして利益なし）

Don't give up! **No pain, no gain**!
あきらめるな！　痛みなくして利益なし、なんだから！

to open old wounds（古傷を開く）

It isn't necessary **to open old wounds**.
古傷を開くようなことをする必要はないよ。

a sore point（痛いところ）

That's a bit of **a sore point** actually.
確かにちょっと痛いところを突かれましたね。

an eye-sore（目障りなもの）

That new building is a bit of **an eye-sore**.
あの新しいビルはちょっと目障りだ。

a Net junkie（インターネットおたく）

She's become **a** real **Net junkie**.
彼女はホントに、すごいネットおたくになっちゃった。

Section4　The Emotions and other aspects of behaviour

感情とその他の行動

　感情とは遺伝学的なもので、社会的環境においても欠かす事のできないものです。それは、他人とのコミュニケーション手段の一つである感情が常に正直に、そしてそのために効果的に語ってしまうからです。あなたが怒っていれば相手はすぐにわかってしまいます。特別に訓練された役者でない限り、感情を欺くことは困難なのです。

　ここでは、日常で使われるイギリス英語の中でも、感情に関する表現を取り上げます。

1 嘘に関する日常表現 ……………………LYING

"The cruellest lies are often told in silence."
Robert Louis Stevenson 1850-94 Virginibus Puerisque.
「最悪の嘘は沈黙の中で語られる」(スティーブンソン)

　すべての人が正直であるとは限りません。私たちは、多かれ少なかれ **white lie**（罪のない嘘）をついたり、事実を曲げたりしています。**white lie** を使うのは、相手を辱めないようにする時や、相手を傷つけないようにするためです。たとえば、「ああ、いい髪型だね。ジェイムス」と言うような時は、私たちイギリス人でもそれが本気なのか、冗談なのかわからないこともあります。

　正直、誠実、嘘、欺まんに関する有効な表現を載せておきます。

a likely story / a tall story （嘘、ホラ）

That's **a likely story**. She'd never go there by herself.
そんなの嘘だよ。彼女一人じゃ、そこへ行かないもん。

a crock of shit / bull / crap / bullshit （たわごと）

I'm not having any **bullshit** from you today.
今日はたわごとを言うなよ。

fib / pack of lies / pork pie （嘘）

That's a big **fib**! I would never say that.
そんなの嘘だね。そんなこと、言わないもん。

gospel （絶対的な、ホント）

I swear, it's **gospel**. She told me herself.
ホントだって誓うよ。彼女が自分で言ったんだ。

honest (to God) （絶対に、まったく）

Honest to God! I didn't do it.

ホントだってば。やってないよ。

no joke （冗談じゃない）

It's **no joke**. He really did say that to his mother.

冗談じゃなくて。彼、ホントにそれを母親に言ったんだよ。

no kidding / I kid you not （まさか、本当だよ）

"**No kidding**! I don't believe it." "**I kid you not**."

「うそだろ、そんなの信じないよ。」「本当だよ。」

on the level （正直な、公明正大な）

No worries. It's all **on the level**.

心配しなくていいよ。すべて公明正大だ。

phoney （偽の、インチキの）

I think she's a bit of a **phoney**.

彼女、ちょっと胡散臭いなあ。

straight up （率直で、ホントに）

Straight up. They were this big!

ホントだって。それはこんなに大きかったんだから。

ring true （本物の音がする）

Somehow, his words don't **ring true** to me.

でも彼の言葉は真実らしく聞こえないなあ。

swear blind / promise you （断言する）

I **swear blind**. You've got the wrong man.

彼を選んだのは失敗だね。断言するよ。

upfront （正直な）

It's best to be **upfront** with him.
彼には正直でいるのが一番いいよ。

for real （本当に）

Are you **for real**?
本当？

not the whole story （まだ言っていないこともある）

I do**n't** think you've told me **the whole story**.
まだ言ってないこともあるでしょ。

in real life （現実に）

But that wouldn't happen **in real life**.
でも、それは現実には起こらないよ。

② 公平さに関する日常表現……FAIRNESS

　公平さという考えはイギリス人の核にあります（しかし、過去にはイギリス人による不公平の犠牲になった多くの人々、植民地先住民などがいることは確かです。つまり、これが "**Perfide Albion**"（不誠実な英国）です。"**No Englishman is ever fairly beaten.**"（イギリス人は公平に戦って負けることはない）とバーナード・ショウは言っています。公平・不公平という考えはすべてのイギリス人の中に深く持ち合わせていますが、その理由は歴史の一端からきているのだと思われます。どの歴史を振り返っても、ある部分は取り入れ、ある部分は忘れられてしまう、理想論的な産物が入ってきます。したがって、イギリス人の公平さというものも都合のいい解釈だったのかもしれません。

　私はサッカーで様々な国の人とプレーをする時に、公平さに対する感覚の違いを肌で感じます。イギリスでは、とても激しくプレーをしますが、ルールを守りスポーツマンシップを守ったプレーをします。しかし、国によっては平気でシャツを引っ張る、時間を稼ぐ、人につばを吐く、隙あらば反則するといったプレーをします。その国でこれらのプレーは卑怯とは言われないのかもしれません。賢いやり方というのが彼ら側の言い分でしょう。

　おそらく、イギリスの公平さは "**chivalry**"（騎士道）からきていると思われます。騎士の威厳、これが紳士のコンセプトに引き継がれたようです。"**gentleman**"（紳士）の語源は "**younger son of knight**"（騎士の子供）からくるという説があります。そして、それが裕福な家庭での子の誕生を意味し、シェイクスピアの時代には、狩猟などの余暇のある人という意味で使われ、後に、高い教育（パ

ブリックスクール）を受けた人の意味となりました。騎士の振る舞い方が長い年月を経る中で形を変え、今の〝**honesty, decency and fairness**〟（正直、公正、公平）へと変化してきたのでしょう。私が日本の人にイギリス出身であることを言うと、「あなたは紳士ね」とか、「レディファーストの国ね」などと言われます。しかし、今日のイギリスで騎士道を目にするのは、電車で老人に席を譲ったり、誰かにドアを開けてあげるくらいのものです。

　以下の表現は、イギリスの社会生活で使う、公平さに関する表現です。

a fair crack of the whip（公正な扱い、機会）

You've got to give everyone **a fair crack of the whip**.
みんなを公平に扱ってね。

a rum/raw deal（不当な仕打ち）

We got a bit of **a raw deal** on the sale of the house.
家を売るときに不当な仕打ちを受けた。

be fair on someone（公平だ）

I don't think you are **being fair on him**.
彼に対してフェアじゃないね、君は。

below the belt（卑怯なまねをする）※ボクシングのローブロー

That was a bit **below the belt**. Maybe you should say sorry.
ちょっと卑怯だね。謝った方がいいよ。

can't say fairer than that（より良い申し出ができない）

Well, you **can't say fairer than that**, can you?
あのぉ、これより良い申し出というのはないよね。

catch someone out （間違いを見つける、偽りを見破る）

You can't **catch me out**, mate. I'm too smart for that.
君に僕の間違いは見つけられないよ。僕は賢いからね。

do (someone) out of / swizz / fleece / fiddle / diddle
（ごまかす）

I'm sure I've been **done out of** a fiver tonight.
今晩5ポンドごまかされた気がするよ。

do the dirty on someone （汚いまねをする）

I think she's gone and **done the dirty on you**, mate.
彼女、何か悪いことをしたんだと思うよ。

draw the line （一線を画す）

I **draw the line** at that sort of thing.
その手のことに関しては一線を引くね。

fair do('s) （フェアにやろうよ）

Fair do's, mate. You can't win every time.
フェアにいこうよ。常には勝てないさ。

fast one （ペテン）

Don't try to pull any **fast ones** with him. He's very sharp.
彼に一杯食わそうとしてもダメだよ。彼は頭がきれるから。

fob off （ごまかす、せしめる、不良品をつかませる）

You're not going to try and **fob** that **off** on someone, are you?
誰かに不良品をつかませようとしているんじゃないだろうね？

gazump （別の買い手に高値で売りつけること）

We put in an offer for the house and then, a week later, we were **gazumped**.

その家を買うはずだったのに、一週間後、他の客がもっと高値をつけたから買えなかった。

give fair warning （忠告する）

I **gave** you **fair warning** about it. You should've listened.

忠告したじゃん。聞いとけばよかったんだよ。

hard done by （冷遇されて）

OK. We were **hard done by**, but let's just forget it.

いいよ。確かに冷たくされたけど、忘れようよ。

make a meal out of something （大袈裟に扱う）

It was an accident. Don't **make a meal out of it**!

事故だよ。大袈裟に騒ぐな。

not on （認められない、不可能だ）

That kind of behaviour is just **not on**.

そんな行動は認められない。

rip-off （ぼる、法外な値段を吹きかける）

That shop is a bloody **rip-off**.

あの店ぼってるよ。

take liberties （勝手なことをする、他人の申し出を恣意的に解釈する）

You're **taking liberties**, aren't you?

好き勝手に解釈してない？

try-on / try it on （だます）

Don't **try it on** with me. I've seen right through your little game.

だまそうとしてもだめだよ、君の仕事の手口はお見通しだ。

fair enough （いいでしょう、けっこう）

That's **fair enough,** I suppose.

まあ、いいでしょう。

only fair （公平、当然だ）

Come on. It's **only fair**. I drove last time.

ちょっと、あなたの番よ。私が前回運転したんだから。

a gentleman's agreement （善意の口約束）

I thought we had **a gentleman's agreement**.

紳士協定を結んだんだと思った。

3 自慢に関する日常表現·············ARROGANCE

"I wish I could care what you do or where you go but I can't ... My dear, I don't give a damn."
Margaret Mitchell 1900-49 Gone with the Wind.
「あなたのする事、行く先すべてを気にかけたい。でもできないのよ。そんなの関係ないわ」(マーガレット・ミッチェル『風と共に去りぬ』)

イギリスでは気取ったり、**put on airs**（自慢話をする）人は好まれません。そういう人はすぐに **put down**（こき下ろされる）か、**put in one's place**（身の程を思い知らされ）ます。メディアは一躍有名になった人でも、人気がなくなるとすぐにこき下ろします。政治家、ミュージシャン、役者、スポーツ選手などがその標的です。そうされないためには、身の程を知る事です。実はみんなしたいと思っていることですが、**drop names**（有名人を知っているとひけらかすこと）はあまり好まれません。でも、私はつい生徒に出会った有名人の話をしてしまいます！

自慢、傲慢、横柄に関する表現を挙げておきます。

a (damn/damned) sight （とても、すごく）

He's **a damn sight** better player than you!
彼は君よりずっといい選手だよ。

(rather than) look at you （すぐに〜する）

She'd stab you in the back **rather than look at you**.
彼女、君をすぐに裏切るよ。

attitude （〈特に悪い〉態度）

Why do so many young Japanese teenagers have such an **attitude**?
なぜ日本のティーンエイジャーの多くは、そのような態度なのでしょう？

be big of someone（寛容な、気前のいい）

It's not very **big of someone** to retaliate.
仕返しするなんて、心が狭いわね。

big head（気取った、自惚れた）

I think he's a **big head**.
彼って気取ってるよね。

bloody-minded（へそ曲がりな、残酷な）

Don't be so **bloody-minded** and go and help her.
そんなに冷たくしないで、彼女を助けてやりなよ。

cocky / smart-arse（気取った、生意気な）

You are too **cocky** for your own good.
君は身の程知らずのうぬぼれ屋だな。

couldn't care less（まったく気にしない）

I **couldn't care less** if we go or stay here.
ここにいようが出かけようが、まったく気にしない。

not want to know（関心がない）

I went over to explain everything to him, but he just didn't **want to know**.
彼にすべてを説明しに行ったんだけど、彼は別に興味がなかったわ。

have got the (bloody) cheek / have the face / have the brass (neck) / have the nerve（あつかましい）

I don't know how you**'ve got the bloody cheek** to come round here and say that!
よくもここへ来て、そんなことが言えるわね。

hoity-toity（気取った、横柄な）

Don't come all **hoity-toity** with me.
私に見下した態度をとらないで。

I'm easy（どっちでもいいよ）

"What do you want to do?" "Anything. **I'm easy**."
「何したい?」「何でもいいよ。」

jumped-up（思い上がった、自惚れた）

There's no need to be so **jumped-up**.
そんなに自惚れる必要はないよ。

be not fussed/bothered（どちらでもいい）

I'm **not** too **fussed** to be honest.
正直言って、どっちでもいい。

not give a damn/shit/toss/fuck/monkey's / not give tuppence（どうでもいい）

I really do**n't give a shit** if we win or lose.
勝とうが負けようが、本当にどうでもいいよ。

put someone down（あしらう、こきおろす）

Don't worry about it. He's forever **putting people down**.
心配しなくていいよ。彼はいつも人をこきおろしているんだから。

sarky（皮肉な）

You don't have to be so **sarky** all the time.
そんな、皮肉っぽくなることないじゃない。

slag off （ののしる）

He's been slagging you off behind your back.
彼って影であなたの悪口を言ってるわよ。

thank you very much （そいつはどうも）※皮肉

"I don't like your hair." "Oh! Thank you very much!"
「君の髪、変だよ。」「大きなお世話よ。」

that's rich （そりゃあ面白い）

That's rich coming from you!
何でそんなこと言えるの！

4 ユーモアに関する日常表現 ……………HUMOUR

"Laughter is pleasant, but the exertion is too much for me."
Thomas Love Peacock 1785-1866 Nightmare Abbey.
「笑いは快適、努力は不快」(トーマス・ラブ・ピーコック)

　イギリスのユーモアはアメリカのユーモアとかなり違っています。私は以前ロビン・ウィリアムスのテレビ番組を見たことがありますが、ユーモアの種類が違うのとアメリカの生活や、ネタになったアメリカ人を知らないため、彼のジョークは一つも理解できませんでした。イギリスのユーモアは、**wit**（機知）と **sarcasm**（皮肉）にあります。しかし、アメリカでは機知はレベルの低いユーモアとされています。そのためか、私のイギリス人の友人は機知に富んだジョークを言って、アメリカ人からバカにされてしまいました。まったく **sense of humour**（ユーモアのセンス）が違うのです。

　イギリス人は下品な言葉や内容のジョーク、シャレや言葉遊びをよく使います。しかし、ユーモアの定義づけや説明は難しいものです。イギリスのユーモアを知るには、**Monty Python**（モンティ・パイソン：コメディアングループ）や **PG Wodehouse**（PG ・ウッドハウス：作家）の本などがお勧めです。彼の著書の中のキャラクター、ジーヴスとバーティー・ウースターの会話はイギリス人にとっては面白いもので、"アガサおばさんは非常に醜い"と言うために"**I turned to Aunt Agatha, whose demeanour was now rather like that of one who, picking up daisies on the railway, has just caught the down express in the small of the back.**"「アガサおばさんは、線路でヒナ菊を摘んでいる時、下りの急行にはねられたみたいな顔をしている」とイギリス独特のユーモアで表現しています。また、**Fawlty Towers**（フォルティー・タワー）や **The Black**

Adder（ブラック・アダー：Mr.Bean で有名なローワン・アトキンソンが出演。ただ、私は個人的に Mr.Bean は面白いと思わないのですが）など、イギリスでは古典的なコメディも、いまだにテレビで放映されています。

　イギリス人はジョークや言葉遊びをこよなく愛しています。クロスワード、スクラブル、ワードスクエア、ワードメイズ、ハングマン、字なぞ遊び、回文、早口言葉など言葉遊びにもたくさんの種類があります。これらを中心としたテレビ番組もあります。一つの単語からそれ以上の意味を見つけ出すジョーク、論理的なジョーク（なぞなぞなど）、漫才、語彙的なジョーク（シャレ）など、ジョークもバラエティに富んでいます。とにかく、ユーモアというのはイギリスの社会から切り離すことのできないものなのです。まずは多くを知り、慣れ親しんでください。

a laugh a minute （とても面白い）※イントネーションによっては皮肉にもなる

You're **a laugh a minute**, aren't you?
君ってホント、面白いよね。

a scream / a laugh / a hoot （笑い、楽しみ）

We had such **a laugh** last night. You should've been there.
昨夜はとっても楽しかったよ。君も来ればよかったのに。

for kicks （面白半分で）

"Why did you do it?" "Just **for kicks** really."
「何でやったの？」「ちょっと面白半分で。」

gas （愉快な人・もの）

It was a real **gas** in the office yesterday.
昨日、会社でホント、おかしかったわ。

jolly（楽しみ、スリル）

We had a **jolly** time at the Spenser's.
スペンサーの家でとても楽しく過ごしたわ。

send-up（パロディー、ものまね）

He's brilliant at **sending-up** people.
彼はものまねがとても上手い。

someone is a card（おもしろい人）

He's a right **card**, that one.
彼はおもしろい人だね。

split one's sides / crack up / laugh like a drain / piss oneself / fall about / wet oneself / crease up / be in fits / be in stitches / rolling in the aisles（笑い転げる）

We just **split our sides** laughing when he said that.
彼がそれを言った時、僕らは大爆笑したよ。

can take a joke（冗談として受けとめる）

Be careful. He **can't take a joke**.
気をつけて。彼、シャレが通じないから。

crack (a) joke（冗談を言う）

Graham just **cracked** the funniest **joke**.
グラハムがたった今最高のジョークを言った。

do (somebody)（～のように振る舞う）

George can **do anybody** to perfection.
ジョージは誰のものまねをやらせても完璧さ。

fall flat（〈話、冗談が〉受けない、理解されない）

Kevin's speech **fell** really **flat**.
ケヴィンの話はまったく受けなかった。

just for fun （面白半分に）

Let's just do it. **Just for fun**.
やってみよう。面白そうだ。

good clean fun （健全な楽しみ）

It was all **good clean fun**. No harm was done.
健全な楽しみだったよ。まったく害がなかった。

good for a laugh （楽しい人）

She's **good for a laugh**.
彼女は楽しい人だ。

have fun （楽しむ）

OK. See you tomorrow. **Have fun**.
いいよ、また明日ね。楽しんできて。

have a sense of humour （ユーモアのセンスがある）

It's important to **have a sense of humour** in this business.
この仕事ではユーモアのセンスが欠かせない。

in fun （遊びで）

It was only meant **in fun**!
ほんの冗談だよ。

no laughing matter （笑い事ではない）

Hey, this is **no laughing matter**.
おい、笑い事ではないぞ。

a practical joke （悪ふざけ、いたずら）

He likes to play **practical jokes** on people.
彼は悪ふざけが好きなのよ。

raise a laugh/smile （笑いを誘う）

You'll **raise a laugh** wearing that.
そんなのを着ていたら、笑われるよ。

not see the joke / not see the funny side （冗談が通じない）

Sorry, but I do**n't see the joke**.
ごめん、どこが面白いの？

that's a good one （うまいシャレを言う）

Ha! Ha! Ha! **That's a good one**.
あー、そりゃうまいね。
※ Ha! Ha! を下降調で読めば皮肉にもなります。

You'll raise a laugh wearing that.

5 気力に関する日常表現 ……………ENTHUSIASM

"The distance is nothing; it is only the first step that is difficult."
Mme Du Deffand 1697-1780.
「距離の問題ではない。始めの一歩が踏み出せるかどうかである」(デファンド)

　何かに誘われて、それに対して強い興味を示す時は **I can't wait**（もう待ちきれないよ）、興味がないことを示す時は **I'm a bit busy ...**（ちょっと忙しいんだよね…）などはよく使われる表現です。やる気に満ちている状態や、その反対にやる気がない状態を表現する方法は、他にもたくさんあります。以下に、そのような状況における表現を紹介します。

at a stretch / at a push （いざとなれば、運がよければ）

I can be there by two **at a push**.
運がよければ、そこに 2 時までに行けるよ。

a go / a crack / a shot / a stab / a whirl （やってみること）

I'll give it **a crack**.
やってみるよ。

a piece of the action （分け前、分担）

It's not fair. I want **a piece of the action**, too.
フェアじゃないね。俺にも分け前をよこせよ。

full of oneself （自分のことばかり考えて、自惚れて）

You seem **full of yourself** today.
あなたは今日、自分のことばかり考えているね。

cannot punch/fight one's way out of a paper bag （無気力だ、弱い）

Oh yeh! You **couldn't fight your way out of a paper bag**.
そうかい！　弱虫のくせに。

champ at the bit / strain at the leash （出発したがって、うずうずして）

Look at him. He can't wait. He's **champing at the bit**.
彼を見てよ。うずうずして待ちきれないみたい。

come to life （意識を取り戻す、本題に進む）

The meeting suddenly **came to life** when Jim walked out.
ジムが出て行った後、会議は本題へと進んだ。

dead chuffed （とても喜んで）

I'm **dead chuffed** with my new car.
新車に超ご機嫌だ。

dead to the world （眠りこけて、泥酔して）

I tried to wake him, but he's **dead to the world**.
彼を起こそうとしたけど、彼はバク睡していた。

do (someone) a lot of good （役に立つ、恩恵を与える）

The sunshine will **do you a lot of good**.
太陽は君にとって、とても役立っているんだよ。

do one's bit （ひと肌脱ぐ、応分の奉仕をする）

If everyone **does their bit**, we'll be finished by five.
みんながひと肌脱げば、5時までには終わるだろう。

get-up and-go / full of beans （元気一杯で、やんちゃで）

She's always **full of beans**.
彼女はいつも元気一杯だ。

go a bundle on （〜が大好きである）

I don't **go a bundle on** cheese.
チーズはあまり好きではない。

go all out （全力を尽くす）

We have to **go all out** for victory.
勝利のために全力を尽くさなければ。

go out like a light （〈スイッチを消すように〉素早くぐっすり寝入る）

I **went out like a light** last night.
昨日はすぐに寝入っちゃったよ。

go the distance （最後までやりとおす）

If you think you can **go the distance**, let's go.
最後までできると思うなら、行きましょう。

have a go （やってみる）

I'll **have a go**, no worries.
やってみるよ。心配いらないよ。

have what it takes （必要な力・素質を持っている）

They don't **have what it takes** to beat us.
彼らは私たちを倒すだけの力を持っていない。

let (oneself) in for （〈損失・困難など〉に陥らせる、巻き込ませる）

I'm not quite sure what I've **let myself in for** here.
ここでどんなことを背負い込んでしまったのかよくわからない。

like mad / like anything / like there's no tomorrow
（むちゃくちゃに、狂ったように）

He's working **like mad** today. What's got into him?
今日、彼は狂ったように働くね。何があったんだろう？

mad (keen) on something （～に夢中だ）

I'm **mad keen on fishing**.
私は釣りに夢中だ。

mad for it （のぼせあがって、待ち望んでいる）

John's coming. He's **mad for it**.
ジョンが来るよ。かなりのぼせあがっている。

put oneself out （骨を折る、面倒をみる）

It's OK. I don't want you to **put yourself out** for me.
いいよ。君に苦労をかけたくないんだ。

rarin' to go （始めたくてうずうずしている）

Come on! I'm **rarin' to go**.
おい、早く行こうぜ。

be knackered / ready to drop （クタクタで、疲れきって）

"**I'm knackered**." "Me too. I'm **ready to drop**."
「ヘトヘトだよ。」「僕もだよ。クタクタだ。」

run out of steam （気力を無くす）

Our campaign just **ran out of steam** in the end.
我々のキャンペーンは、最後に活力を失っただけだ。

take it easy （落ち着けよ、楽に行こうよ）

Slow down! **Take it easy**!
おいおい、落ち着けよ。

up for it （～のつもりで、乗り気で）

Count me in. I'm **up for it**.
私も数に入れといて。その気なんだから。

take some doing （なかなか骨の折れる）

It's possible, but it'll **take some doing**.
できないことはないけれど、かなりたいへんだろうね。

ready for anything （何でも喜んでする心構えができている）

I'm **ready for anything**.
何だってやってやる。

We have to go all out for victory.

6 怒りに関する日常表現 ……………ANGER

"Ira furor brevis est."
(Anger is a short madness) Horace 65-8 BC Epistles.
「怒りは短い狂気」（ローマ詩人ホラティウス『書簡』）

　ほんの些細なことですら、人を怒らせることがあります。日本人は礼儀正しい表情の裏に怒りを隠そうとしますが、イギリス人は怒りをすぐに表します。公の場で怒っている日本人を見かけることは稀ですが、イギリス人は、**let off steam**（感情を発散する）ことを怖れません。以下に、怒りや失望に関する表現を紹介します。

(throw a) wobbly / worked up / have a fit / fly off the handle / go ape (shit) / go spare / lose one's rag
（かんしゃくを起こす）

There was no reason to **throw a wobbly**.
怒る理由なんてないじゃない。

a slagging / a rollicking （お叱り）

I got such **a rollicking** from the boss this morning.
今朝、上司からお叱りを受けたよ。

belly-ache / whine / gripe / whinge （しきりに不平を言う）

I got such

Stop **belly-aching** about everything.
どんなことにでも文句を言うの、やめなさい。

do one's nut (in) （かんかんになる）

I wouldn't go in there. He's **doing his nut in**.
僕、そこへ行かないだろうね。彼、怒ってるもん。

drive someone up the wall （かっかさせる）

He's enough to **drive anyone up the wall**.
どんな奴でも彼にはむかっとする。

get shirty/ratty （いらいらした、おこりっぽい）

Don't **get shirty** with me.
私にあたらないでよ。

give someone what for （叱る、罰する）

When I see him, I'll **give him what for**.
今度彼に会ったら、よく言っておくわ。

go on （がみがみ言う）

Do you have to **go on** about everything?
何にでもがみがみ言わないといけないの?

great! （やってくれた）※皮肉

Oh, **great**! Now you've gone and done it.
やってくれたよ！　よくもまあ。

hard done by （不当な扱いを受けて）

I don't know why you feel so **hard done by**.
なんであなたがそんなに冷遇されるのかわからない。

have had enough （もう十分だ）

I**'ve had enough** of you for one day.
今日はもう君にはうんざりだよ。

hit the roof （頭に来る）

She **hit the roof** when she saw the bill.
その請求書を見たとき、彼女は頭に来ていた。

livid（激怒して）

Your mum's livid with you. I'd go and say sorry.
君のおふくろさん、激怒しているよ。僕だったら謝っておくな。

make someone sick（ぞっとさせる、むかつく）

He really makes me sick.
彼にはホント、ぞっとさせられる。

of all the（よりによって）

Of all the things to say to her ... I don't know.
よりによって、彼女にそんなことを言うなんて…やってしまったなぁ。

a moody / a crabby / a stroppy / a mardy（不機嫌な）

She's a moody so and so.
彼女はむっつりした人だ。

simmer down / cool it / steady on（落ち着く）

All right, you lot. **Simmer down** and take out your textbooks.
わかったから、静かにして、教科書を出しなさい。

sod this for a game of soldiers（もううんざりだ）

Sod this for a game of soldiers. I'm off home.
もううんざりだ。家に帰る。

take it out on someone（あたり散らす）

Don't **take it out on me**.
私にあたらないでよ。

take lying down（罰・侮辱を甘んじて受ける）

I wouldn't **take** that **lying down**.
私ならそれを甘んじて受けるようなことはしないな。

too (adj.) for words （言葉では言い表せないほど）

Give me a moment. I'm just **too shocked for words**.
ちょっと待ってよ。今ショックで言葉にならない。

what's that in aid of （一体どういう意味なのか）

Ouch! **What was that in aid of**?
痛い！　何でそんなことするの？

not be that way / not be like that （その態度はよくない）

Don't be that way.
態度をあらためなさい。

7 議論に関する日常表現 ·············ARGUING

"I'm not arguing with you - I am telling you."
James McNeill Whistler 1834-1903 The Gentle Art of Making Enemies.
「私は、君と議論しているんじゃない。君に命令しているんだ」(ジェイムズ・マックニール・ウィスラー『穏やかな敵の作り方』)

　誰でも議論で負けることを嫌います。以下の語句は、あなたの「議論力」を増してくれることでしょう！

(I said) nothing of the sort/kind （とんでもない、まったく別の物）

You fibber! **I said nothing of the sort**.
うそつき！　そんなこと、まったく言ってないぞ。

a case in point （好例、適例）

A case in point, is the London Council.
ロンドン議会がその好例だ。

a leading question （誘導尋問）

I think that's **a leading question**.
それは誘導尋問だと思うよ。

argue the toss （決まったものを議論する）

I can't be bothered to **argue the toss** with you.
君と無駄な議論はしたくないね。

be neither here nor there / beside the point （まったく関係ない）

That's **neither here nor there**. Keep to the argument.
それはまったく関係ないことです。議論を続けよう。

beg the question （論点となっていることを真と仮定して論を進める）

Now that's **begging the question**, isn't it?
上手いこと論点を決め込んだね。

beg to differ（失礼ですが同意しかねる）

Well, I **beg to differ**.
失礼ですが、私は同意しかねます。

don't give me that（そんなことは信じない）

Don't give me that bullshit!
そんなバカなこと、信じるかよ。

fall out (with)（争う）

It looks like those two have **fallen out** again.
あの2人、また争ってるみたいだね。

far from it（そんなことは断じてない、とんでもない）

Now, I never said that. **Far from it**, actually.
そんなこと、絶対に言ってない。事実、とんでもないね。

for instance（たとえば）

"He's got loads of them." "**For instance**?"
「彼はたくさんそれらを持ってますよ。」「たとえば？」

in point of fact（実際は、つまり）

In point of fact, you are quite wrong there.
要するに、君はそこで完全に間違っているということだ。

it stands to reason（理にかなう）

It stands to reason that this is the best.
これが最高だということは理にかなっている。

make a point of（必ず～するのを忘れない、つとめて～する）

We should **make a point of** including everyone in the plans.
計画には全員が必ず関係しているべきである。

make something of （〜を争いの種にする）

If you want to **make something of** it, go ahead.
もしそれをとりたてて問題にしたいのなら、どうぞ、そうしなさい。

on and on （引き続き）

He just went **on and on** and on!
彼は延々と続けたよ。

on the point of （〜の間際に）

I was **on the point of** saying that.
私はちょうどそれを言おうとしたところだ。

or else （さもないと〈ひどい目にあうぞ〉）

"Get out of here!" "**Or else**?"
「出て行け。」「さもないと？」

quite so （まったくその通り）

I agree. **Quite so**.
同感です。まったくその通り。

rise to the bait （誘いにのる、腹を立てる）

He's teasing you. Don't **rise to the bait**.
彼はあなたをからかっているのよ。のっちゃダメよ。

so there （〈決断してもう変えるつもりはない時に〉そういうこと）

I'm going to do it, **so there**!
僕がやるよ。もう決めたんだ。

stand corrected （訂正を認める）

Oh sorry. I **stand corrected**.
ごめんなさい。訂正を認めます。

take sides （味方をする）

Don't you start **taking sides**.
味方を決めたら？

whose side are you on? （どっちの味方なの？）

Hey! **Whose side are you on**?
おい、どっちの味方なんだよ？

a clear case of （…のあきらかな事例）

That's **a clear case of** favouritism.
あれはあきらかに、えこひいきだよ。

a difference of opinion （意見の相違）

I think we have **a difference of opinion** here.
僕たちは、この辺で意見が違っていると思うんだけど。

a different matter （別問題）

I see, but that's quite **a different matter**.
なるほどね。だけどそれはまったく別の問題だよ。

a matter of fact （現実の問題）

It's **a matter of fact**. I know.
それが本当だってことはわかっている。

a matter of opinion （見解の相違）

It's **a matter of opinion** really.
それは見解の相違だ。

a matter of principle （道徳的な問題）

It's **a matter of principle**. I'm not going.
そんなの、道徳的な問題だ。僕は行かない。

a straight answer （率直な答え）

Can't you just give me **a straight answer**?
どうか率直な答えをもらえないだろうか？

a sweeping statement （大雑把な意見）

That's a bit of **a sweeping statement**.
それはちょっと包括的に言いすぎるよ。

a talking point （話題）

It's a bit quiet. Has anyone got **a good talking point**?
ちょっと静かだね。誰か、いい話題はない？

a/the classic example （典型的な例）

That's **a classic example** of the etymological fallacy.
それは語源上の誤りの典型的な例だ。

am I to understand? （解釈していいのですか？）

Am I to understand that you are not coming?
君は来ないと思っていていいの？

be dead wrong [right] （まったく間違っている ［正しい］）

He**'s dead right**, you know.
彼は完全に正しいよね。

be tantamount to （…も同然である）

But that**'s tantamount to** saying we all do it.
でもそんなの、僕たち全員がそれをやるって言っているのと同じことだよ。

call it what you will （何とでも好きに呼んでくれ）

Call it what you will. It doesn't make any difference.
好きに呼んでくれよ。何の違いもないから。

take/carry something too far （…の度が過ぎる）

Let's not **take this too far**, shall we?
あまり行き過ぎない程度にしましょう。

couldn't agree more （まったく賛成だ）

I **couldn't agree more**.
まったく賛成だよ。

dead certain/sure （絶対に確かだ）

I'm **dead certain** about it.
それについては絶対に自信があるよ。

don't give me that （勘弁してくれよ）

Don't give me that. You agreed only last week.
勘弁してくれよ。先週は君だって賛成していたじゃないか。

don't just stand/sit there （ボケっとしてないで）

Don't just stand there ... do something!
ボケっと突っ立ってるんじゃないよ。何かしろ！

don't talk daft （バカ言うんじゃない）

Don't talk daft. Of course it's right.
バカ言うんじゃないよ。もちろん正しいよ。

either way （どっちみち）

Either way, we have to make a decision today.
どっちみち、僕たちは今日、結論を出さなきゃいけないんだ。

enough is enough （もうたくさんだ）

OK. **Enough is enough.** Let's leave it there for today.
わかったよ。もうたくさんだ。今日はここまでにしよう。

escape one's notice/attention （…に気づかれずにすむ）

It may have **escaped your attention**, but he's coming back tomorrow.
君の目はごまかせたかもしれないけど、彼が明日戻ってくるからなぁ。

get one's own way （自分の思い通りにする、わがままを通す）

Don't waste your breath. She always **gets her own way**.
言っても無駄だよ。彼女はいつだってわがままなんだから。

have a point （一理ある、長所がある）

John does **have a** good **point**.
ジョンの方にも一理あるよ。

just for argument's sake （議論の糸口として）

Just for argument's sake, suppose I did it instead?
一つの論点としてね、代わりに僕がそれをしたらどうかな？

make sense （道理がある、意味をなす）

Sorry, you are not **making sense**.
悪いけど、君の言っていることはわけがわからないよ。

make one's point （目的を達する、主張を通す）

Let him **make his point**.
彼の意見を通してやれ。

miss the point （要点を外す）

I think you're **missing the point**.
君は大事な点を忘れています。

on the contrary （とんでもない、その逆だ）

On the contrary. She is the best.
とんでもない。彼女が一番いいよ。

one's point of view （自分の考え・意見）

We are allowed **our** own **point of view**.
僕たちの考えは認められている。

point taken （了解しました、そのとおりです）

OK. **Point taken**.
はい、了解しました。

push/press the point （考えを押し付ける）

OK. Let's not **press the point** too much.
わかったよ。お互いに考えを押し付け合いすぎるのはやめよう。

see both sides of （…の両面を見る、公平に考える）

It's important to **see both sides of** the argument.
議論を両方の立場から考えることが大切だ。

see sense （ものの道理がわかる、分別ある行動をする）

See if you can make him **see sense**. I can't.
君が彼に道理をわからせることができるか見てみよう。僕にはお手上げだね。

that does it （もう我慢ならない）

That does it! I'm going home.
もううんざりだ！　僕は帰る。

that's just the trouble （まさにそれが問題だ）

But **that's just the trouble**. Can't you see?
でも、まさにそれが問題です。わからないの？

that's not the question （それは問題じゃない）

That's not the question, is it?
そんなことは問題じゃないでしょ。

that's what someone want(s) to know （それこそ私が知りたいことだ）

That's exactly **what I want to know**.
それがまさに、僕が知りたいことなんだよ。

that's where someone is wrong （そこが君の間違っているところだ）

That's exactly **where you are wrong**.
それがまさに、君が間違っている点なんだよ。

the burning question （緊急問題）

But **the burning question** is why he did it in the first place.
でも一番最初に解くべき問題は、そもそもなぜ彼がそれをしたかってことだよ。

up to a point （ある程度まで）

I agree **up to a point**.
ある程度までは僕も賛成だ。

who is someone to argue?
（〈事情に通じなくて、立場が低くて〉反論できない）

I guess so. **Who am I to argue**?
僕はそう思うけど。反論できないね

who cares? （誰がかまうものか、いや誰も気にしないよ）

Who cares? I certainly don't.
誰がかまうもんか。僕はどうでもいいね。

open to question （異議をさしはさむ余地がある）

That's **open to question** if you ask me.
言わせてもらうと、それにはちょっと疑問点があるよ。

議論に関する日常表現

8 恐怖に関する日常表現 ……………… FEAR

> *"I will show you fear in a handful of dust."*
> TS Eliot 1888-1965 The Waste Land.
> 「一握りの土の中に住まう恐れを見せてやろう」(T・S・エリオット『荒地』)

　私たちは誰でも生活の中で何らかの恐怖を感じるものです。以下は、そのような恐怖に関する表現です。

get/put the wind up （おびえる）

The attack certainly **put the wind up** me.
その攻撃には、本当にビビッたよ。

put the fear of God into （おどす、縮み上がらせる）

You **put the fear of God into** him, I can tell you.
彼をひどくおどかしたでしょ、わかるよ。

run a mile （逃げる）

If I saw a ghost, I'd **run a mile**.
お化けが出たら逃げるね。

scare the shit out of （驚かす）

The murder **scared the shit out of** me.
その殺人は私を震え上がらせた。

scaredy-cat （臆病な人）

Don't be a **scaredy-cat**. Jump!
ビビるなよ、飛べって。

shake in one's shoes （身震いする）

He was literally **shaking in his shoes** when I told him.
私が彼に話した時、彼は文字通り身震いしていた。

shit bricks （ビビる、チビる）

You were **shitting bricks**, man. Don't lie.
ビビッてただろ。うそをつくなよ。

shit-scared （おびえる）

I was **shit-scared** all the way through the film.
その映画の間、ずっとおびえていた。

spooked （驚かす）

Don't jump out at me like that! You really **spooked** me.
そんな風に飛びかかって来ないでよ。ビックリするじゃない。

the creeps / the willies （ぞっとする感じ）

That guy gives me **the creeps**.
あの男にはぞっとする。

9 退屈さに関する日常表現 ……… BOREDOM

*"Man hands on misery to man. It deepens like a coastal shelf.
Get out as early as you can, And don't have any kids yourself."*
Philip Larkin 1922-85 This Be The Verse.
「人は不幸を他人に回す。その不幸は海のように深さを増す。できるだけ早く抜け出しなさい、不幸を侮ってはいけない」
(フィリップ・ラーキンの詩)

　どうしようもなく退屈な時や、誰かに励ましてもらいたい時って
ありますよね。以下は退屈、失望などに関する表現です。

bore the pants off （ひどくうんざりさせる）

Listening to him **bores the pants off** me.
彼の話を聞いているのにはうんざりだ。

bored stiff/rigid / browned off / brassed-off / cheesed off / fed up （ひどく退屈している）

Let's go home. I'm **bored stiff** just sitting here.
家に帰ろう。ここにただ座っていることに飽きたよ。

bummer / downer （嫌な思い、がっかりさせるもの）

It was a **bummer** you didn't get the job.
その仕事が取れなかったのは残念だね。

put a damper （〈場に〉水をさす、しらけさせる）

Thanks! You **put a** real **damper** on the party.
パーティーをしらけさせてくれて、どうも！

down (in the dumps/mouth) （意気消沈して）

I'm just a bit **down**, that's all.
ちょっとへこんでるだけ。

fag / grind / bind / yawn （つらい・つまらない仕事）

This job is a real **bind**.
この仕事、きついよ。

go on a bit （おしゃべり）

She does **go on a bit**, doesn't she?
彼女のおしゃべりは止まらないよね。

get the hump （かんしゃくを起こす）

OK. There's no need to **get the hump**. It was only a joke.
わかったから。怒ることないよ。ただの冗談だったんだから。

gutted （すっかり落ち込んで）

We were **gutted** by the news.
私たちはそのニュースに落ち込んだ。

ho-hum （あーあ）※倦怠・疲労・退屈などの発声

Ho-hum! Here he goes again ...on and on about the war.
あーあ。また彼の戦争の話だよ。

party pooper / wet blanket （〈その状況に〉水をさす人）

Don't be such a **party pooper** and let's go.
そんな水をさしてないで。ホラ！

put one out of one's misery （安心させる）

Come on! **Put me out of my misery**. What's in the box?
ねえ！ 教えてよ。箱に何が入っているの？

sick and tired （うんざりする）

I'm **sick and tired** of listening to your whining.
君の泣き言には、もううんざりだ。

switch off （退屈させる、話を聞くのを辞める）

I just kept **switching off** all through the lecture.
講義の間中、何も聞いていなかったよ。

feel out of it （元気がない）

Sorry. I just **feel out of it** today.
ごめん。今日は元気がないんだ。

Section 5 The World of Business
ビジネスの世界

　ご存知の通り、ビジネス英語というものがあるように、ビジネスには独特の英語表現が使われます。ここでは紙面に限りがあるので、イギリスのビジネスの世界について最も重要なものを紹介します。

　今日のビジネスはまさしくグローバル化され、英語（またはその他の外国語）力だけでなく、文化的な知識も問われます。ビジネスで成功をおさめるには、異文化に対して敏感であると共に、その歴史もおろそかにはできません。特にビジネスでは自分の物差しだけで異文化を判断するのは大変危険なことです。

　一般的にドイツ人は会議中に冗談を言うことを好まず、決断は会議中に下します。また、一般的にアメリカ人は一気に核心に迫り、仕事を素早く終わらせようとします。そして、私たちイギリス人はビジネスの場で、ふんだんに冗談を取り入れます。

　では、イギリス人相手に仕事をする場合、どうすればいいのでしょう？　皆さんのイギリスのビジネスマンに対するイメージはどのようなものでしょうか？　帽子をかぶり、縦縞のスーツを着て、経済新聞を小脇に抱えている。有名パブリックスクールを経て、オックスフォードやケンブリッジを卒業。日曜日には、ローストビーフやきゅうりのサンドイッチに、紅茶を堪能する。クリケットとテニスを愛し、辛いことにも弱音を吐かず、文句も言わないジェントルマン…。このようなイギリス人が上流階級に存在していることは事実ですが、かなりの少数派です。決して今日のイギリス人を代表する人物像ではありません。また、現在のイギリスは多文化社会なので、一言で形容することは難しいと言えるでしょう。

さて、実際の仕事の現場において、どのようにイギリス人と接するかです。会議など、出だしはとても形式的に始まります。しっかりと握手をかわし、相手を姓で呼びます。後半になり、かなり打ち解けてくると、リラックスして上着を脱いだり、ファーストネームで相手を呼んだりもします。このあたりからユーモアがとても重要になってくるので、イギリス人とビジネスをする人は冗談を言ったり、言われたりする準備をしておいてください。自分自身をネタにした冗談が一般的です。

　私たちイギリス人は、すぐに決断を下すことを良しとせず、ある程度時間をかけてから物事を決めます。そして、メモをとりながらのたくさんの会議があり、常識に基づいたものを大切にします。ゆっくりとマイルドなやり方で事を進め、最終的な決定はトップダウンです。イギリスでも組織の上にいる人物の権限は大きいのです。女性が労働力の半分を占めていますが、重要なポジションは男性優位なのが実状です。しかし近年では女性の企業家が目立ってきています。イギリスの実状としては、コネというものが強く〝**Who you know is more important than what you know**〟（何を知っているかより誰を知っているかの方が大切）というフレーズがある程です。更に、これも日本と似ているのですが、特に No という返事をするとき、はっきり言わないで、表現をぼかしたり遠まわしに言ったりします。時間については厳守を重んじられるので目的地へは少し早めに着いた方が賢明です。一般にイギリス人は思いきり働き、思いきり遊びます。ただ、日本人とは大きく異なり、仕事とプライベートははっきりと分けます。更に、イギリス人はビジネスにおいて抱擁やキスなど身体的な挨拶はしません。きちんと形式は守りつつ、気さくな雰囲気、そして紳士的に振る舞う、これが大切です。

　以上がイギリス式ビジネスエチケットの概要です。国境を越えたビジネスは何かと難しいことが多いのが事実です。しかし、今の時

代には、他国の言葉や文化を理解することは欠かせないことだと思います。そして世界のニュースに精通することも必要でしょう。

1 お金・ビジネスにまつわる日常表現 ……MONEY AND BUSINESS

a captive market（独占市場）

What we need is **a captive market**.
独占市場が必要だ。

a cool million（正味の、掛け値なしの）

That house must cost **a cool million**.
あの家は正味 100 万ポンドはするね。

a golden parachute/handshake（退職金）

They've just offered me **a golden handshake**.
彼らは、僕に退職金を提示してきたよ。
※ a golden hello（入社のために支払われる賞与），golden handcuffs（会社にとどめるために支払われる賞与）

a gold mine（ドル箱、金山）

You must be onto **a gold mine**.
君はドル箱に手が届きそうだね。

a head-hunter / be head-hunted（ヘッドハンター / ヘッドハンティングされる）

This **head-hunter** called me the other day.
先日、このヘッドハンターが電話してきたよ。

a steal（掘り出し物）

That was **a steal** at that price.
あの値段なら、それは掘り出し物だよ。

admin (=administration) （行政、役所）

When you've filled it in, take it to **admin**.
それを書いたら、役所に持っていって。

ads / adverts （CM、コマーシャル）

Why do they show **adverts** during a live game in Japan? You miss all the action!
なんで、日本は試合中にコマーシャルなんか流すの？　大事なところを見逃しちゃうじゃないか？

at a price （かなりの高値で）

It's yours **at a price**.
かなり出せば、手に入るよ。

at any price （いくら積まれても）

I won't sell it **at any price**.
どんなに出されても、それは売るわけにはいかないな。

be in business （事業がうまくいく）

Now we **are in business**.
仕事が波にのってきた。

be sure to do something （必ず～する）

Be sure to fax it by Monday.
月曜日までに必ずファックスしておいてよ。

break even （損得なしになる、トントン）

If we are lucky, we might **break even** this month.
運がよければ、今月はトントンだね。

break the bank （破産させる、文無しにさせる）

It's not exactly going to **break the bank**, is it?
それは破産させることにはならないよね。

bumf （公的だが意味のない手紙）

They keep sending me all this **bumf** through the post.
奴ら、意味のない書類ばかり送ってくるんだから。

career burn-out （働き過ぎでやる気がうせる）

It looks like a case of **career burn-out** to me.
働き過ぎで、やる気が燃えつきてしまったようだ。

clean out （無一文にする）

I'm not playing poker this week. You chaps **cleaned** me **out** last week.
今週はポーカーはしないよ。先週君らにボロ負けしたからね。

cook the books （帳簿をごまかす）

I reckon he's **cooking the books**.
彼は帳簿をごまかしているね。

couldn't organise a piss-up in a brewery （でくのぼうだ、要領が悪い）

He's useless. **Couldn't organise a piss-up in a brewery**.
彼はだめだよ。ただのでくのぼうだもん。

dirt cheap （非常に安い）

I got this **dirt cheap** at the market.
市場で、これをとても安く手に入れた。

earner （名声に値すること）

That sounds like a nice little **earner**.
結構よさそうに聞こえるけど。

financial clout （金融上の影響力）

We need to find someone with some **financial clout**.
誰か、お金持ちを見つける必要がある。

flog （売る）

Are you going to **flog** me your old bicycle?
君の古い自転車を僕に売る気？

flood the market （要求に応じた対応）

It's not a good idea to **flood the market**.
やりすぎはよくないよ。

for my money （自分の意見としては）

For my money, a Mac is the best.
私としては、マッキントッシュが一番かな。

fork out （〈しぶしぶ〉払う）

How much did you **fork out** for it?
それにいくら払ったの？

funny business （不正取引、ペテン）

There had better be no **funny business**.
不正取引がないといいけど。

get down to business （本気で仕事に取りかかる、本論に入る）

Let's **get down to business**, shall we?
じゃあ、真剣に仕事を始めようか？

give away （ただでやる、くれてやる）

They are practically **giving** them **away**.
ただで売っているも同然だね。

go about one's business （自分のすべきことをする）

Just let him **go about his** own **business**.
彼の邪魔はしないでおこうよ。

good value for money （金額に見合う価格）

It's **good value for money** if you ask me.
かなりの価値があると思うよ。

graft （仕事）

Sounds like hard **graft** to me.
私にはつらそうな仕事ね。

hush-money （口止め料）

We might have to pay him some **hush-money**.
奴に口止め料を払わなくちゃいけないかもね。

it's a good job (too) （結構なことだ）

"I've brought that report." "**It's a good job** you did."
「そのレポートを提出しました。」「そうしたのは結構なことだ。」

just the job （ぴったりな人・物だ）

Excellent. That's **just the job**.
いいね。まさにそれだよ。

like gold dust （貴重な）

These things are **like gold dust**. Can't get them anywhere.
これは本当に貴重なんだよ。他じゃ、手に入らないからね。

like nobody's business （とても速く、猛烈に）

I saw him running down the street **like nobody's business**.
彼が通りをものすごい勢いで走っていくのを見たよ。

made of money （大金持ちである）

Do you think I'm **made of money**?
俺がお金持ちだと思ってるのかい?

make a pile（ひと財産作る）

I **made a pile** selling these last year.
これを売って去年は大儲けをしたよ。

mean business（本気である）

He looks like he **means business**.
彼、本気みたいよ。

money down the drain（金をどぶに捨てるようなもの）

I can't believe it. That's just **money down the drain**.
信じられないよ。そんなの金をどぶに捨てているようなものだよ。

money is no object（金が目的ではない）

Money is no object for her.
彼女にとって金はどうでもいいんだよ。

money is tight（金がない）

Money's tight this month.
今月はお金がないよ。

money-spinner（儲け仕事）

I've just thought of a great **money-spinner**.
儲け仕事のことを考えていた。

off the record（オフレコの、非公式で）

Can I have a word **off the record**?
オフレコでいいかな？

on (special) offer（売り出されて、値下げされて）

They were **on offer** last week.
先週値下げされたよ。

on the dole （失業手当を受けている）

> Are you still **on the dole**?
> まだ、失業手当を受けているの？

pop your head round the door （ちょっと顔を出す、寄る）

> Could you **pop your head round the door** a bit later?
> Want to have a chat.
> あとで、ちょっと顔を出してよ。おしゃべりしたいし。

pricey （高価な）

> Don't you think it's a bit **pricey**?
> ちょっと高いと思わない？

serious money （多額の金）

> Now we're talking **serious money**.
> かなりな金額の話だね。

shift （売る）

> I've had no luck **shifting** them.
> 不幸にもそれは売れなかった。

sign on （失業手当を受け始めること）

> I'm **signing on** tomorrow.
> 明日から失業手当をもらいはじめる。

sleeping partner （経営方針に意見できる投資家）

> We need to find a **sleeping partner**.
> 投資家を見つけなくちゃ。

stinking (rich) （とても金持ち）

> Mike's **stinking rich**.
> マイクはすごい金持ちだ。

telephone numbers（大金）

We are talking **telephone numbers**.
大金だね。

the damage（費用）

What's **the damage**?
いくら？

the going rate（現行料金）

What's **the going rate** for one of those?
これ一つの今の相場はいくら？

the tricks of the trade（商売のコツ）

You have to learn **the tricks of the trade** first.
まず、商売のコツってものを覚えないとね。

be economical with the truth（真実を出し惜しみする）

Politicians **are** always **economical with the truth**.
政治家はいつも真実をはっきりとは言わない。

be in the market for（〜を買うつもり）

I'm **in the market for** one, too.
それも買うつもり。

cash in on（〜を利用して儲ける）

It's time to **cash in on** that market, too.
あの市場でも儲けさせてもらおう。

do a roaring trade（大繁盛する）

They are **doing a roaring trade** in spare parts.
スペア部品の分野で、彼らは大繁盛だ。

have a job (doing) （手こずる）

We'll **have** a hell of **a job finishing** by next week.
来週までに仕事を終えるのは、地獄のように大変だ。

price oneself out of the market （法外な値段をつけて買い手がつかなくなる）

You have to be careful not to **price yourself out of the market**.
あまり高値をつけると買い手がつかなくなるから、気をつけなければならない。

talk shop （自分の仕事の話をする）

No **talking shop** tonight. I want to enjoy myself.
仕事の話はよせよ、今夜は楽しみたいんだから。

trade in （下取りに出す）

I'm going to **trade** it **in** for a new one.
それを下取りに出して新しいのを買うよ。

work to rule （〈残業などせずに〉規定通りにしか働かない）

Next month we are going to **work to rule**.
来月は順法闘争を行う。

under the counter （〈不法に〉闇取引でこっそりと）

You can get them **under the counter** from the corner shop.
闇取引でなら角の店で手に入るよ。

workaholic （仕事中毒）

He's a **workaholic**. Comes in on Saturdays too!
彼は仕事中毒だよ。土曜日も仕事に来てるよ！

sell oneself short （空売りする、低く評価する）

It's important not to **sell yourself short**.
自分を過小評価しない事が大事だ。

known in the trade as （専門的に～として知られる）

This thing here is **known in the trade as** a widget.
ここではこれを専門的に装置と呼びます。

insider dealing （インサイダー取引）

You can lose your job for **insider dealing**.
インサイダー取引をしたら、職を失いかねませんよ。

slash prices （値下げ）

You'd better get down their quick. They're **slashing prices** like nobody's business.
あそこへ急いだ方がいいよ。すごい値下げをしているから。

2 成功にまつわる日常表現 ················SUCCESS

"Political power grows out of the barrel of a gun."
Mao Tse-tung 1893-1976 from in a speech.
「兵力から政治力が生まれる」(毛沢東)

　成功するためには積極性や野望を持たなければなりません。ここでは、野望、権力、成功そして失敗の表現について紹介します。

(social) climber（成り上がり者、上流階級へ入ろうとする人）

I hate parties full of **social climbers**.
成り上がり者が集まるパーティーは嫌いなんだよね。

a liability（足手まとい、お荷物）

We've got to watch him carefully. He could be **a liability**.
彼をよく見ておけよ。お荷物だからな。

a result（勝利）

We had a bit of **a result** on the stock market last week.
先週、株式投資で少し利益が出た。

bounce back（すぐに立ち直る）

It's important we **bounce back** as soon as possible.
できるだけ早く立ち直ることが大事だ。

come off（上手くいく）

I'm glad to hear your business venture **came off**.
あなたの仕事が上手くいっていると聞いて嬉しいわ。

crack (something difficult) （難関を突破する、入り込む）

I think we have finally **cracked** the market with our new invention.
我々の新しい発明をもって、その市場に上手く入り込めたと思う。

get somewhere[nowhere] （何とかなる［どうにもならない］）

I've **got nowhere** with the book this month.
今月はこの本はどうにも進まなかった。

get the better of （打ち勝つ）

Don't even try. You'll never **get the better of** him.
やっても無駄だよ。彼に打ち勝てやしないよ。

girl power （女の武器）

If I were her, I'd use **girl power** to get what I want.
私がもし彼女なら、欲しいものを手にするために、女の武器を使うわ。

go one better （一枚上手である）

It appears they've **gone one better** than us.
奴らのほうが、我々より一枚上手だったようだ。

good on someone （でかした、よくやった）

"Ken's got a 20% pay rise!" "**Good on him**."
「ケンの給料が 20 ％も上がったんだって！」「よかったじゃない。」

in demand （需要がある、売れ行きがよい、人気がある）

Your services seem to be **in demand** these days.
最近、君のサービスは引っ張りだこらしいね。

in line for （〜の候補だ）

Someone told me you're **in line for** the bosses job.
君が管理職の候補だって誰かが言ってたなあ。

land （〈仕事を〉見つける、得る）

Sally's **landed** the most amazing job.
サリーはとびきりすばらしい仕事を見つけた。

look up （気運がよくなる）

Life seems to be **looking up** since we moved into the new office.
新しい事務所に移ってから、気運がよくなったみたい。

make a go of （成功させるためにする）

We should **make a go of** it. There's nothing to lose.
成功に向けてがんばろうよ。失うものなんてないんだから。

make all the difference （決定的な違いが生じる）

The new machinery should **make all the difference** to production quality.
その新しい機械は製品の質に大きな違いを生む。

no joy （不満、失敗）

We had **no joy** at the meeting.
ミーティングでは失敗した。

on a roll （好調で、どんどん成功する）

Since winning that first commission, I've been **on a roll**.
最初の任務に成功してから、とんとん拍子だよ。

on the up and up （好調で）

"How's business?" "**On the up and up**."
「調子はどう？」「結構いいよ。」

onto a winner（金のなる木をみつけて）

That's a great idea. You're **onto a winner** there.
いい考えだ。それで金儲けできるよ。

pay off（上手くいく、採算が合う）

It looks like your investment is beginning to **pay off**.
君の投資が上手くいきだしたようだね。

power-mad/hungry（権力欲の強い）

She's completely **power-hungry**.
彼女は完全に権力の虜だよ。

pull off（～を勝ち取る）

I hear you managed to **pull off** that oil contract.
その石油の取引、何とか上手くやったらしいね。

pull strings（裏で操る）

Who **pulls the strings** round here?
ここでの黒幕は誰？

up and down（浮き沈み）

"How's things?" "**Up and down**. You know."
「調子はどう？」「良かったり悪かったりだよ。」

with one's trousers down（不意討ちをくらって）

We were caught **with our trousers down**! This has been a costly mistake.
我々は不意を襲われた。手痛い失敗だ。

Part3
イギリス英語の基本要素
と実用フレーズ

USEFUL PHRASES

イギリス人、アメリカ人、オーストラリア人など、それぞれの喋り方はどこが違うのでしょうか？　この問には私自身興味があります。本著を単なる実用的な表現のリストに終わらせたくないということもあり、様々な方法でイギリス英語を分解し、イギリス英語の鍵となるものを探しました。

多くの人は言葉の基本的な要素は **word**（単語）であると思っています。しかし、これは正確には正しくありません。専門的に言えば、言葉の基本要素は **lexeme**（語彙素）と呼ばれるものであり、これが言語学的には言葉を作る最小要素とされています。この語彙素は単語（例：dog）だけでなく、接頭辞（例：un-）、接尾辞（例：-able）、動詞句（例：read into）、慣用句（例：to catch someone red-handed）等を含みます。これらは意味の上ではもうこれ以上分解できない、分解してしまうと意味が失われるというものです。

Part 3 では、単語以上で成り立っている語彙素を扱います。習得には努力を要すると思いますが、日常会話では頻繁に使われるので、必要不可欠な表現です。つまり、ここで紹介する語彙素は、よく耳にする、または使える表現ばかりなので、イギリス人に上手く、すばやくなじむことができるようになり、何よりもかっこいい英語が話せるようになります。

◎ DISC 2　TRACK 18

Stock Phrases
会話をスムーズにする表現

言語学者が **lexical phrases**（辞書的フレーズ）と呼んでいる表現の種類を、私は"**stock phrases**"と呼びたいと思います。なぜなら、これらのフレーズは皆さんが **stock**（蓄積）して覚えていかなければならないからです。これらのフレーズは日常会話において、スムーズで興味深く、幅のある会話にするためにとても大切で、また多くの場で使われています。会話のトピックを変える時、会話を始める時、やめる時、

間を持たせる時、アイディアや例を挙げる時など、とても役に立つので、腰を据えてしっかり覚える価値があります。

　私が必要だと思う **stock phrases** を紹介する前に、それらがどういうものなのか、どう使われているのかをお話しします。**stock phrases** の中で最も簡単に覚えられるのは、短くて変化せずに使われるものです（例：by the way）。次に、少し長いけれど、変化なしで使われるもの、諺、格言、挨拶の言葉などです（例：How do you do?）。そして、短いが変化するもの（例：see you later/tomorrow/tonight）。そして最後は、ある特定の文を奥行きのあるものにするものです（例：yes, but what about …）。

　stock phrases は会話の中ではごく頻繁に使われますが、書くこと、特にフォーマルな文章において、使われることはまずありません。

　では、どのように普段の会話で使われているのでしょうか？　**stock phrases** は会話の土台と言えます。たとえば、使うフレーズによって話し相手が何を話そうとしているか、会話の内容がわかることがあります（例：Let's begin by discussing …）。会話の内容を変える時に使われたり（例：Let's not forget …）、会話を締めくくる時に使われたりします（例：So, to repeat …）。これらの表現は会話の流れを作るのに役立っています。他にも重要な役割を果たすフレーズがあります。たとえば、例示や、説明を示す時（例：For example,…）、会話を他のポイントと繋げる時（例：However）、意見を言う時（例：In my opinion, …）、相手の正当性に言及する時（例：that may be so, but …）、また会話の隙間をうめる時（例：What was I saying?）など。

　stock phrases は会話の組立てやより正確な自己表現をするのに役立ちます。何が話されているかを理解しなければならない重要な会話においてこそ、より多くの **stock phrases** が使われます。そして、日常会話においてもこれらのフレーズが使われなければ、空虚で不自然なものになってしまいます。

above all （とりわけ）

Above all, don't forget to invite Tracy.
特に、トレイシーを招待するのを忘れないでね。

all along （最初からずっと、いつも）

As I've been saying **all along**, we should seal the deal as soon as possible.
最初から私がずっと言ってきたように、出来るだけ早くその契約を結ぶべきよ。

all in all （全般的に見て）

All in all, I think it best if we wait until next year.
全般的に見て、来年まで待ったほうがいいでしょう。

all of a sudden （まったく突然に）

...when **all of a sudden** he told me our relationship was all over!
突然、彼に私たちの関係は終わりだと言われたわ。

all told （全部で）

All told, there were over 50 people there.
そこには総勢 50 人いた。

and what not （…など）

You know ... all those problems we had **and what not**.
ほら、私たちが抱えていた問題などいろいろあったでしょう。

as a matter of fact / in (point of) fact （実を言うと）

As a matter of fact, I was just going to say that.
実を言うと、今、そのことを話そうとしていたんだ。

as I was saying（いつも言っているように）

As I was saying, why don't you go next week?
いつも言っているように、来週行ったらどうなの。

as/so long as（する限りは、さえすれば）

As long as he doesn't come, I don't mind.
彼が来ないなら、かまわないわ。

at any rate / in any case（とにかく）

At any rate, we'll still be on time.
いずれにしても、まだ間に合うわ。

by and large（全般的に見て）

By and large, the British economy isn't doing too badly.
全般的に見て、イギリス経済はそんなに悪くない。

come to that（そのことに関しては）

Come to that, we haven't been there either.
そう言えば、私たちもそこへ行ったことがないわ。

I don't suppose（…してくれませんか）

I don't suppose you could tell me the time?
時間を教えてくれませんか？

I take it（…だと思う）

I take it that you know Mick's left the company?
ミックが会社を辞めたのは知っているよね。

if only（ただ…でさえあればよいが）

If only you would listen to me.
私の話を聞いてくれさえしたら。

in any event （いずれにしても）

In any event, I think we should be prepared.
いずれにしても覚悟はしておくべきだろう。

least of all （とりわけ…ない）

I would never have done that, **least of all**, smash all the windows.
そんなことはしなかっただろう。とりわけ、窓を全部こなごなに割るなんてことは。

on the point of （今にも…するばかりになって）

I was **on the point of** saying that before you so rudely interrupted me.
今、それを言おうとしていたのに、君にぶしつけに邪魔された。

to cap it all （挙句の果てに）

To cap it all, she then told me to get lost!
挙句の果てに、彼女は私にあっちに行ってと言ったの。

what/how about （…はどうですか）

Yes, but **what about** the others?
ええ、でも他の人はどうですか？

you know （あの、そうね）

You know, what I'd like to eat now is a big juicy steak.
そうね、今食べたいものは大きな肉汁のしたたるステーキね。

(or) whatever （勝手にしろ）

I don't care. **Whatever**.
どうでもいいわ。ご勝手に。

a matter of （…の問題）

It's **a matter of** being polite, that's all.
それは礼儀正しいかどうかの問題だ。それだけのことだ。

all right（申し分なく）

He's clever **all right**.

彼は申し分なく賢い。

all/just the same（やはり、それでも）

All the same, we should arrive on time.

やはり、時間通りに到着すべきだ。

always supposing that（もし…なら）

Always supposing that I pass my exams, I will try to set up my own company.

もし試験に受かれば、自分の会社を立ち上げることに懸命になるだろう。

and so on（…など）

I like fruit. Apples, pears, bananas **and so on**.

りんごやナシ、バナナなどの果物が好きです。

as and when（いずれそのうち）

I'll do it **as and when** I want to do it.

やりたくなったら、そのうちするよ。

as for（…は関して言えば）

As for Graham, I'm not sure he'll like it.

グラハムに関して言えば、それを気に入るかどうか私にはわからないわ。

as it happens（たまたま）

As it happens, I met her only the other day.

たまたまつい先日、彼女に会ったところだ。

as it is (実のところ)

He's not popular **as it is**.
実のところ、彼は人気がない。

as of now (今から)

As of now, I'm in charge.
今から私が責任者だ。

as often as not (しょっちゅう)

As often as not, he'll be in that pub.
しょっちゅう彼はあのパブにいる。

as we have seen (これまででわかったように)

As we have seen, he's not to be trusted.
これまででおわかりのように、彼は信用すべきではありません。

at all (全然)

I don't think he cares **at all**.
彼はまったく気にしないだろう。

be the case that (…は事実である、…と言える)

Is it still **the case that** the pubs close at 11 o'clock?
パブは 11 時に閉まるらしいけど、今もそうなの？

better/worse still (いっそのこと)

Better still, let's have caviar and champagne.
いっそのこと、キャビアとシャンペンにしよう。

but only just (かろうじて)

We had enough money, **but only just**.
私たちは、かろうじて必要なだけお金があった。

do better to （…するのが一番いい）

I think you'd **do better to** ask Jim.
ジムに聞くのが一番いいと思う。

do you know （わかるかい）

Do you know why he said that?
彼がどうしてそんなことを言ったかわかるかい？

don't tell me （まさか…ではないでしょうね）

Don't tell me he's not coming!
まさか、彼は来ないんじゃないだろうね！

even so （それはそうでも）

Even so, you should still apologize.
たとえそうでも、君はやっぱり謝るべきだよ。

for a change （気晴らしに）

Let's go to Bill's Bar **for a change**.
気晴らしに、ビルズ・バーに行こう。

for a start / at first （まず）

For a start, we should consider the club's finances.
まず、クラブの財務について考えるべきです。

for one thing （一例を挙げれば）

For one thing, he's unreliable and for another ...
第一に彼は当てにならないし、それに…。

for all that （それにもかかわらず）

For all that, he is a nice chap.
それにもかかわらず、彼はいい奴だ。

for that matter （そういうことなら）

Why don't we call on Tommy, **for that matter**?
そういうことなら、トミーの家に行こうじゃないか？

for the most part （大体において）

For the most part I understand what you are saying, but ...
君の言うことはだいたいわかった。でも…。

from/by the way (that) （…から判断して）

From the way he's walking, there's no way he'll be able to play next week.
彼の歩き方から判断して、来週プレーできるとは思えない。

if any （たとえあったとしても）

There'll be two people there, **if any**.
たとえそこに人がいたとしても、2人しかいないだろう。

if at all （…としても）

I will talk about it later, **if at all**.
話すとしても、後でだ。

if need be （必要とあれば）

I'll ask Ben, **if need be**.
必要とあれば、ベンに聞きます。

if you ask me （私に言わせれば）

If you ask me, she's definitely under eighteen.
私の考えでは、彼女は絶対に18歳未満だ。

if you know what I mean （言っていることがわかれば）

It's kind of long and soft, **if you know what I mean**.
それは長くて柔らかいんだ。言っていることがわかればね。

if you must know （どうしても知りたいなら）

I got 3 out of 10 **if you must know**!
どうしても知りたいなら教えてやる。10点満点で3点さ。

in a sense （ある意味では）

In a sense you are correct, but ...
ある意味で、君は正しい。でも…。

in a way （一応）

It's OK **in a way**, but I'm not wholly convinced.
一応OKだが、すっかり納得したわけではない。

in brief/short （手短かに言うと）

In short, it was good of you all to come today. Thank you.
手短かに言いますと、本日は皆さんおいでいただき、ありがとうございました。

in other words （すなわち、言い換えれば）

In other words, no you can't!
言い換えれば、いけません！

in so far as （…の限りは）

In so far as we agree, let's proceed onto point number three.
この限りにおいては同意したので、3点目に移ろう。

in that case （その場合には）

In that case, we'll have to change the day to a Friday.
そうなると、金曜日に日を改めなくてはならない。

in the end （結局）

In the end, they agreed to my proposal.
結局、彼らは私の提案に同意した。

it so happens that（たまたま）

It so happens that I handed it in last week.
たまたま、先週私はそれを提出した。

it's a good thing（上出来だ）

It's a good thing you remembered the tickets.
君が切符を忘れなかったのは、上出来だった。

it's just as well (that)（…のほうがよい）

It's just as well you remembered to call me.
私に電話をかけることを忘れないでおきなさい。

it just goes to show（…だということがよくわかる）

It just goes to show you can't believe everything you read in the papers.
新聞に書いてあることを、すべて信じてはいけないということがよくわかる。

kind of / sort of（ちょっと）

I **kind of** like it.
それ、ちょっといいね。

know what I mean?（わかるかい？）

... and then you have to think laterally, **know what I mean**?
…そしてさまざまな角度から考えなければならない。わかるかい？

let me see（…について考える、えぇと）

Let me see ... try to get here by 10 o'clock.
えぇと… 10 時までにここに来るようにするよ。

let us say （…ということにしておこう）

Let us say ...50 for the lot.

そうだな、全部で 50 ポンドということにしておこう。

let's face it （〈不都合なことでも〉事実として認める）

Let's face it. He's not exactly Einstein, is he?

正直に認めよう。彼はアインシュタインじゃない。そうだろう？

not altogether （まったく…というわけではない）

I'm **not altogether** happy with his performance.

彼の業績に、まったく満足しているというわけではない。

on reflection （よく考えてみると）

On reflection, I think I may have been wrong.

よく考えてみると、私は間違っていたかもしれない。

on the whole （概して）

On the whole, it was a successful meeting.

概して、実のある会合だった。

only to find （ただ…する結果となった）

I went all the way into to town, **only to find** he'd already gone home!

私はわざわざ街に、彼がすでに帰宅しているのを確かめに行ったようなものだ。

or so （…かそこら）

I'll be about ten minutes **or so**.

10 分かそこらで行くよ。

or so it seems （そうらしい）

She looks happy ... **or so it seems** to me.

彼女は幸せそうだ。私にはそう見える。

or something （…か何か）

Get her some flowers **or something**.
彼女に花か何か贈れよ。

put it differently （つまり）

The whole thing is a right mess, to **put it differently**.
つまり、すべてが混乱している。

so far （今までのところ）

So far, the results have been as expected.
今までのところ、結果は予想した通りだ。

so to speak （いわば）

It's a kind of reddish brown, **so to speak**.
言ってみれば、それは赤みがかった茶色です。

sure enough （思ったとおり）

Sure enough, she never turned up.
思ったとおり、彼女は現れなかった。

that's all （それだけのことだ）

I just don't want to go. **That's all**.
行きたくないんだ。それだけのことさ。

then again （そうではなくて、その一方で）

Then again, it could've been someone else.
そうではなくて、他の人だったかもしれない。

there is that （その通りだ）

There is that, I suppose.
その通り、と私は思う。

what(ever) happened to ? （一体…はどうなったの？）

Whatever happened to that old bicycle you used to have?
一体、君が昔使っていた古い自転車はどうなったの？

whatever you do, don't （何をしようと、…するな）

Whatever you do, don't tell Stan about it.
何をしてもいいけれど、スタンにはそのことを言うなよ。

you know what （いいかい、あのね）

You know what? I'd really like to go to Greece this year.
あのね、今年は絶対ギリシャに行きたいんだ。

Get her some flowers or something.

Column 1

ピーター・マーク・ロジェって誰？
Who is Peter Mark Roget?

　ロジェ氏は 1779 年にロンドンで生まれた、ロジェ・シソーラス（英語類語辞典：1852 年初版）の生みの親です。彼の類語辞典は他のそれとは異なり、アルファベット順ではなく、言葉を物質、空間、意志など、何百ものカテゴリーに分類し、編集してあります。

　英語辞典はスペルや意味の確認に使用しますが、ある表現に対して最適な言葉を探し出す時や、単語の反復を避けたい時には類語辞典が非常に役立ちます。私は常にオックスフォード類語辞典と、オックスフォード英語辞典（OED）を側に置いて活用しています。残念なことに日本の英語学習者が類語辞典を持っているのは稀なようです。それは、英語には類語がたくさんあるということを認識していないか、またはそのたくさんある類語の微妙な意味の違いがわからない、そしてそれを調べるのが面倒である、などの理由が考えられます。しかしこれでは、奇妙な単語選択をしてしまったり、不自然な文章を作り上げることになってしまいます。

　皆さんは "guess" の類語をいくつ知っていますか？（コラムの最後にオックスフォード類語辞典より "guess" の類語を抜粋）"guess" 1 つとっても予想以上に多くの類語があるはずです。ただし、すべてが "guess" と同じように使えるわけではなく、その状況において最もふさわしい類語を選ばなくてはなりません。なぜなら、**synonyms**（類語）とは "same name" を意味していますが、厳密には正しい表現ではなく、わずかにニュアンスや使われ方がそれぞれ異なるからです。

　実際に文法やスペルの間違いだけでなく、この類語選択による間違いが日本中に溢れています。商品のネーミング、広告、歌詞などスタイルや飾りのためとはいえ、私たちネイティブにはとても不自然な印象を与えています。

　ではなぜこんなに類語は扱いが難しいのでしょうか？　言語学者はこれに対し、いくつかの答えを提示しています。1．地域性によるもの。世界には様々な英語があり、同じ事柄も場所が異なれば違う言い方をすることがあります（米語と英語には約 4000 もの違いがあります。例：elevator（米）/

lift（英））。2. **connotation**（暗示的意味）、つまり感情的意味によるもの。同じ意味でも感情的に中立な語（boy）と、感情的な意味が加わっている語（brat）があります（コラム3参照）。3. **collocation**（連語関係）、つまり類語の関係は強くても同じようには使われないもの。たとえば、"cottage / hut / shanty"は類語ですが、親の家に対して "hut / shanty"とは言いません（コラム2参照）。4. 状況に合わせた使い分けによるもの。友人と話すとき、職場で、もしくは学術的な論文ではそれぞれ異なる語を使います。たとえば、「妊娠している」と言うとき、友人間では "up the stick"、医学部の試験では "parturient" を使います。以上の通り類語には様々な落とし穴があります。

　更にあまり問題にされませんが、"opposite name"を意味する **antonym**（反意語）についても触れておきましょう。"hot" の反意語は "cold"のように一見単純そうに見えますが、実はそうでもありません。言語学者によると反意語はいくつかに分類されていて、比較級、最上級と変化するもの（hot / cold）。そして片方、または両方が比較変化なしで単純に反対の意味を持つもの（asleep / awake）。必ず一対になっていて論理的に片方がなければ存在できないもの（boyfriend / girlfriend）。最も難解な反意語は正反対の意味の言葉が存在しないもの（urgent）。また、反意語を作るのによく"un-"を使います（skillful / unskillful）（二重否定の not unskillful は、very skillful を意味しイギリス英語では、意見を曖昧にできる表現なのでよく使われます）。

　皆さんも表現力豊かで、的確な英語力を身に付けるために、ロジェ・シソーラスなどの類語辞典を参考にしてみてください。

Thesaurus《シソーラス》のクイズの答え：

guess : verb 1. conjecture, estimate, hypothesize, speculate, postulate, Slang guestimate or guesstimate: We guessed that he might try to come in through the window. 2. think, suppose, conclude, assume, believe, dare, say, surmise, judge, deem, reckon, imagine, fancy, feel, suspect, divine: I guess you were right about her.
-noun 3. conjecture, estimate, hypothesis, speculation, surmise, assumption, judgement, feeling, suspicion, postulate, theory; guesswork; Colloquial shot in the dark, Slang guestimate or guesstimate: My guess as to which card would turn up was wrong.

Emphatic expressions commonly used in British English
イギリスの日常会話でよく使われる強意表現

　人とのコミュニケーションでは、話の内容に強弱をつけることがよくあります。この章ではイギリス人が日常、よく使う強意表現を紹介します。

　普段の会話において強意表現は、内容の強弱を調節するだけでなく、感情的な表現や、会話をもっと面白く、生き生きと、豊かなものにする大切な役割を持っています。 **quite, fairly, absolutely, a bit, really** などは、意味を強めるのによく使われます。"He's **really** nice." は "He's nice." より、もっと説得力があります。2度繰り返してさらに強い表現 "**terribly**, **terribly** nice" などにすることもあります。または "an **extremely** nice and **extremely** rich man" というように強意表現を連結させることでも強い表現をつくることができます。

　程度を表す言葉はいろいろあります。多くは副詞 （extremely, very, terribly など）です。そして形容詞（awful, jolly など）や 数量形容詞 （much, a lot など)があり、これらの強意語同士が結びついて会話にスパイスを加えています。

　しかし、"**very** impossible" とは言わず、"**totally** impossible" と言うなど、いくつかの注意事項もあります。声のトーンも重要で、"That movie was **DEAD** good." というように、強意語は強く発音します。そして、強意語を使う時はいくつかの制限もあります。形容詞は数量形容詞を取ることはできません。たとえば、"**a lot** nice" "**a lot** good" という言い方はできません。しかし形容詞は名詞とは結び付くことができます。形容詞を強めることができるのは、比較変化をしない副詞です。"**quite** nice" のように使います。quite と very のようにとても便利な強意語もありますが、**entirely, slightly** などのように、制限の多い語もあるので注意

が必要です。しかしここでは、文法的違いの細かい説明はしません。その代わり、感覚的に強意語をつかんでもらうために、実践的な用例を集めました。

　以下にイギリスの日常会話でよく使われる強意表現を紹介します。特に初めの**23**のフレーズはカリタ・パラディス氏による調査結果（**1997**年）に基づいた、イギリスで最も使用されている強意語です。

somewhat（やや）

This is **somewhat** different to yours.
これは、君のとはちょっと違う。

slightly（すこしばかり）

There's something **slightly** odd about that man over there.
あそこにいる男の人には、すこし奇妙な所がある。

a little（少し）

I'm **a little** tired today.
私は、今日は少し疲れた。

a (little) bit（ちょっぴり）

I'm **a little bit** hungry.
ちょっぴりお腹がすいた。

fairly（かなり）

It's **fairly** clear to me.
それは私にはかなり明確だ。

pretty（ずいぶん）

That shop is **pretty** expensive.
その店はずいぶん高い。

quite （かなり）

That test was **quite** difficult.
そのテストはちょっと難しかった。

I'm **quite** certain of the answer.
私はその答えをかなり確信している。

rather （わりと）

That was **rather** a good book.
それはわりと楽しめる本だった。

jolly （すごく）

We had a **jolly** good time last night.
昨夜はすごく楽しかった。

almost （九分通り）

I'm **almost** sure it was him.
彼のしわざに違いないと思うね。

highly （おおいに）

He's a **highly** intelligent man.
彼は、たいへん頭がいい男だ。

awfully （とても）

It's **awfully** nice of you to come.
来てくださって、とてもうれしいわ。

terribly （ひどく）

I'm **terribly** sorry about what happened yesterday.
昨日起こったことは、本当に申し訳なかったよ。

very （とても）

Her lecture was **very** interesting.
彼女の講義はとてもおもしろかった。

extremely（すこぶる）

This gadget is **extremely** useful.
この装置はすこぶる役に立つ。

most（たいへん）

I'm **most** grateful for your help.
助けてくれて、とても感謝しているわ。

frightfully（やけに）

She's **frightfully** posh.
彼女、やけにエレガントだね。

utterly（まったく）

What you said to her was **utterly** pointless.
彼女にそんなことを言っても、まったくむださ。

totally（まったく）

No way! That's **totally** impossible.
だめだ、そんなこと絶対に無理だ。

absolutely（まったく）

That film was **absolutely** dreadful.
その映画は実にひどかった。

completely（完全に）

I'm **completely** free this Sunday.
今週の日曜日は一日中暇だよ。

entirely（すっかり）

I'm not **entirely** happy with the arrangements.
その取り決めにすっかり満足しているわけではない。

perfectly （完全に）

Don't worry. It's **perfectly** all right.
心配しないで。それですっかり大丈夫だから。

さらに別の一般的な強意語を紹介します（現在では、上の 23 のフレーズよりよく使われるものも中にはあるかもしれません）。

filthy （とても）

She's **filthy** rich.
彼女はとても金持ちだ。

dreadfully （とても）

I am **dreadfully** sorry I didn't call you last night.
昨日は電話をかけなくて、本当にごめんなさい。

steaming （途方もなく）

Sid was **steaming** drunk on Saturday.
土曜日、シッドはぐてんぐてんに酔っ払った。

whopping （とてつもない）

That was a **whopping** great big lie.
それは真っ赤なうそだ。

deadly （ひどく）

That book was **deadly** boring.
その本はこの上なくつまらない。

as anything （とても）

She's as cute **as anything**.
彼女はとってもかわいい。

beastly （ぞっとするほど嫌な）

That was **beastly** mean of you.
そんなことをするなんて、君はまったく意地悪だなあ。

not half （ひどく）

He doesn't **half** piss me off.
彼はひどく僕を怒らせる。

whacking （でっかい）

I got a **whacking** great pay packet this week.
今週はでっかい給料袋をもらったよ。

dead （まったく）

That was **dead** good.
あれはまったくよかった。

cracking （並外れて）

You missed a **cracking** game on Saturday.
土曜日、君は素晴らしく見事な試合を見逃したよ。

all （すっかり）

There's no need to get **all** upset like that.
そんなにひどくかっかすることはないだろう。

piss-poor （むちゃくちゃな）

That was a **piss-poor** thing to say.
ずいぶんひどいことを言うね。

zonking （ものすごく）

He's got such a **zonking** great nose.
彼はものすごく大きな鼻をしている。

stonking （激しく）

I've got such a **stonking** headache this morning.
今朝、頭痛で頭が割れそうだった。

really （本当に）

That was **really** delicious. Thank you.
とてもおいしかったわ、ごちそうさま。

truly （心から）

I'm **truly** sorry I didn't tell you sooner.
すぐに話さなくて、本当にごめんね。

practically （〜も同然）

He **practically** shit himself when I told him.
あいつにそれを言ったら、ビビッてたよ。

ever so （たいへん）

That was **ever so** nice of you to buy him that.
彼にそんなものを買ってやるなんて、おまえも見上げた奴だな。

seriously （ひどく）

He is **seriously** rich.
彼はひどく金持ちだ。

well （とても）

John's **well** sound.
ジョンはとてもしっかりしている。

way （とても）

That's **way** the best.
それが最善だろう。

ever such （とても）

He's **ever such** a nice man.
彼はとてもいい奴だ。

awful （ひどく）

He was in such an **awful** hurry this morning he forgot his briefcase.
今朝、彼はひどく急いでいたので、書類カバンを忘れた。

almighty （とんでもない）

What's that **almighty** racket?
あのばか騒ぎはなんだ。

unholy （とてつもない）

What's that **unholy** noise?
あのとんでもない音はなんだ。

miles （ずっと）

It's **miles** easier if you do it this way.
こうしたほうがずっと簡単だよ。

proper （厳密な）

You're in **proper** trouble when your dad gets home.
お父さんが帰ってきたら、ひどく怒られるわよ。

plenty （十分な）

That pan over there is **plenty** big enough.
むこうにある鍋は十分に大きいわ。

plain （明瞭に）

He's just **plain** stupid.
彼はあきらかにバカだ。

right （すっかり）

You've made a **right** mess.
見事に散らかしたわね。

bloody （忌まわしい）

Mind your own **bloody** business.
人のことにかまうな。

blasted （いまいましい）

Where's the **blasted** dog gone?
あの犬ちくしょうはどこに行った？

bleeding / blooming / blinking （実に、まったくの）

You **bleeding** well go!
おまえが行けよ！

pissing （いまいましい）

Just look at the **pissing** weather.
いまいましい天気だなあ。

like mad （猛烈に）

He ran down the road **like mad**.
彼は猛スピードで道を駆けていった。

well and truly / completely and utterly （完全に）

I'm **well and truly** drunk.
すっかり酔っ払ったよ。

"**bloody**" はイギリス英語で最も一般的で、最もよく耳にする強意語の一つです。1960年代まではタブー視されていましたが、現在ではそれ程強い意味を持たず、形容詞、副詞、挿入辞 (abso-**bloody**-lutely) として様々なスタイルで使われます。中でも "**bloody hell**" は最もよく使われるフレーズです。

さらにもう一つ最もよく使われる強意語として "**fucking**" もあります（P345 参照）。派生語の **effing** (fucking の婉曲語法), **sodding**, **frigging** もよく使われます。

Column 2
語の繋がり
Word relationships

　単語と単語の決まった組み合わせを **collocations**（連語関係）と呼びます。英語では、ある単語同士が、決まって一緒に使われることがよくあります（完全に固定化された組み合わせもあれば、対になるものが自由に変わるものもあります）。また単語には、文法によって決められた然るべきポジションがあります。たとえば、英語では主語の次に動詞が来ます（例：I you love ではなく、**I love you**）。そして、単語はそれぞれ、そこで使われた他の単語と文法上の関係を持ちます。**collocations** というのは使われる（ある程度）予測可能な単語と単語の繋がりのことです。ある特定の単語は、それと繋がる他の単語や語群を思い浮かばせるのです。たとえば、**tea** ときたら milk **tea**, lemon **tea**, green **tea** など。決して、pink **tea** とは思いつきませんよね。**tea** という単語にはいくつかの **collocations** があるということになります。この **collocations** に対応して、イディオムのように固定化されているものもあります。そしてその場合は、他の単語では代用できません。たとえば、**a bird in the hand**（手中の一羽はやぶの中の二羽の値うちがある）などは不変です。それに対して、動詞句のように繋がる単語に多くのバリエーションがあるものもあります（例：**run** away, **run** out of, **run** into, **run** over など）。また、どんな単語を持ってくるかは完全に話し手次第というものもあります。たとえば、**I want** と言ってしまえば、後は話し手が勝手に決められます。

　重要なのは、単語と単語の組み合わせは常に自由ではなく、制限があるということを頭に入れておくことです。組み合わせを間違えると不自然な英語になってしまいます。この問題の難点は、英語を母国語としていない限り、組み合わせが間違っているのかどうかに気づくことができないことです。正しいとされる組み合わせにかなり近いが間違っている時、なぜそれではいけないのか、ということに対する論理的な理由はなく、単に違うから違うのです。

　コリンズ・コウビルド・ウェブサイトは **collocations** を調べるのに役

立ちます。**dog** と入力すると、この単語と繋がるトップ 100 の語を出して
くれます。例として、次にあげておきます。すべて **dog** に繋がるものです
が、それぞれの意味が理解できますか？

**food kennel show barking hot pet walk owner collar barks
police eared guard fight puppy bone tail bites guide breed
sheep growls woof stray hound wagging handler pedigree bis-
cuits**

　最後に、顔が緑になる人などいないのに **green with envy**（ひどくう
らやんで）や、心が金の人などいないのに、**a heart of gold**（とても純
真な）など、非論理的な組み合わせも、英語にはたくさんあります。

Phrasal Verbs
動詞句

　動詞句は日常会話においてとてもよく使われるので、覚える価値は大いにあります。しかし、何千とあるので、覚えるのはお世辞にも楽とは言えません。コリンズ・コウビルド動詞句辞典によると動詞句のリストは 3000 を超えています。これといった規則はなく、覚えるのみです。動詞句は日常会話の代表的存在であるアングロサクソン系なので、難解なラテン語やギリシャ語系の単語より、好んで使われます。

　動詞句とは、動詞と前置詞、副詞の組み合わせに、他の品詞が加わったものです。たとえば、動詞＋名詞＋前置詞または動詞＋代名詞＋形容詞などです。それぞれの単語の意味を理解するのはそれほど難しいことではありませんが、組み合わさることでまったく別の意味になってしまいます。イディオムと同じように、このことが動詞句を難しくしている原因です。また、get in などのように（9 つも）複数の意味を持つ動詞句もあります。目的語によって副詞の位置が変わるなど、文法的に覚えておく必要があるものもあります。そして、動詞によってはかなりの数の動詞句があります。たとえば、set は set about, set against, set apart, set apart from, set aside, set back, set down, set down as など。

　基本的に動詞句には、分離可能と分離不可能なものの 2 種類があります。たとえば、**take off** を分離不可能として使う場合、飛ぶ、離陸するの意味 "The plane will **take off** tomorrow" で、分離可能として使う場合、脱ぐの意味 "**take** your coat **off**" になります。

　動詞句は口語であり、カジュアルな英語なので、ビジネスなどフォーマルな状況ではあまり使わない方が無難です。フォーマルな状

況では、一言で済む英語表現や他の類義語を使うべきです。

　他の分野と同じように、動詞句も変化しつつあります。使い古され、新しいものへと代わっていきます。この本の中ですべてを取り上げることはできないので、最初に覚えるべきものを厳選しました。私のアドバイスとしては、できるだけたくさん覚え、たくさん日々の会話で使うことです。私たちイギリス人は日常会話で動詞句を頻繁に使います。皆さんもどんどん使えるようになってください。

act on （〈忠告など〉に基づいて行動する）

You should never have **acted on** his advice.
彼の忠告に従って行動すべきではなかった。

allow for （考慮に入れる）

It's important to **allow for** changes in the exchange rate.
為替の変動を見越しておくことが重要だ。

ask around （尋ねまわる）

If you **ask around**, maybe someone will know where he went.
尋ねまわれば、彼の行方がわかるかもしれない。

back out （手を引く）

Tim said they've **backed out** of the deal.
ティムが彼らは取引から手を引いたと言っていた。

bang on （いつまでもしゃべる）

Stop **banging on** about it. It's too late now.
いつまでもくどくど言うな。今さら遅いよ。

bank on （あてにする）

You can never **bank on** him to do a good job.
彼にいい仕事は期待できない。

bargain for （予想する）

Well, we never **bargained for** that to happen.
そんなことが起こるなんて、ちっとも予想していなかった。

become of （〜はどうなるのか）

Whatever **became of** Richard?
リチャードはどうなったんだろう。

block in （何かがじゃまをして、出られない）

I can't believe it. That Rolls has **blocked** me **in** again.
なんてことだ。またあのロールスロイスが道をふさいでいる。

boil down to （結局…になる）

What it all **boils down to** is that we lost the contract.
結局のところ、契約が取れなかったということさ。

book up （予約する）

I want to **book up** for the tennis lessons, starting next week.
来週から始まるテニスのレッスンの予約をしたい。

branch out （手を広げる）

I think the firm needs to **branch out** into the publishing field.
会社は出版分野に手を広げるべきだと思うな。

bring forward （繰り上げる）

My appointment has been **brought forward** to next week.
予約の日が来週に繰り上がった。

brush up on （勉強をやり直す）

I've got an English test tomorrow. I need to **brush up on** phrasal verbs.
明日、英語の試験がある。動詞句の勉強をやり直す必要がある。

build on （…を基に事を進める）

We need to **build on** last year's success.
昨年に引き続き成功をおさめなくてはならない。

call off （中止する）

Have you heard the game has been **called off**?
試合が中止されたって聞いたかい？

catch up on （遅れを取り戻す）

Good to see you again. We've got so much to **catch up on**.
また会えてうれしいよ。いっぱい話すことがあるよ。

chip in （〈意見などを〉差しはさむ）

If anyone has any thoughts on the subject, feel free to **chip in**.
この問題に意見のある人は自由に発言してくれ。

colour in （色づけする）

OK. Now I want you all to **colour in** the picture on page six.
さあ、みんな6ページの絵に色づけしてちょうだい。

come out with （事実などを率直にしゃべる）

He just **came out with** it. Just like that.
彼はうっかりしゃべってしまった。無意識にね。

copy out （注意深く写す）

If you could just **copy out** this page for me.
このページをそっくり写してくれないか。

cross out （線を引いて消す）

Please **cross out** all the wrong answers.
間違った答えを線で消してください。

cuddle up to （寄り添って寝る）

You never **cuddle up to** me anymore!
もう私に寄り添って寝てくれないのね。

cut out （やめる）

I'd **cut out** the cheek if I were you!
私なら、生意気なまねはやめるわ。

dash off （一気にやっつける）

Please **dash off** a hundred copies. Thanks.
コピーを 100 枚、急いで頼むよ。

die down （静まる）

We'll wait for the noise to **die down** and then go in.
物音が静まるのを待って中に入ろう。

do up （修繕する）

If we do move in, we'll have to **do up** the back bedroom.
ここに引っ越してくるとしたら、奥の寝室を改装する必要があるわ。

drink to （その通りだ）

I'll **drink to** that!
まったくその通りだ。

drive at （…をするつもりである）

I'm sorry, but I don't see quite what you are **driving at**.
すまないが、君が何を言いたいのかさっぱりわからないよ。

動詞句

eat into（食い込んでしまう）

Your drinking is really **eating into** our monthly budget.
あなたの飲み代は毎月の生活費に大きく食い込んでいるわ。

end up（…に達する）

Let's just drive and see where we **end up**.
どこまで行くのかドライブしてみよう。

fall apart（つぶれる）

All our travel plans just **fell apart** at the last moment.
私たちの旅行計画は直前になってつぶれた。

fall behind（遅れをとる）

Our Jimmy's **falling behind** at school.
息子のジミーは学校で落ちこぼれている。

fill out（記入する）

If you would just **fill out** this form. Thank you.
この用紙に記入するだけで結構なんです。

fit in（予定を合わせる）

We are busy today, but might be able to **fit** you **in** tomorrow morning at eight.
今日は忙しいが、明朝8時なら君の予定に合わせることができるかもしれない。

flick through（ぱらぱらめくる）

I was **flicking through** this magazine, when I saw Bob's photo.
この雑誌をぱらぱらめくっていたら、ボブの写真があったわ。

get across（人にわからせる）

I just can't **get** my idea **across** to him.
どうしても私の考えを彼にわからせることができない。

get at （意図する）

What, exactly, are you **getting at**?
実際、何を言いたいんだい？

go back on （撤回する、〜に背く）

The bastards have **gone back on** the deal we made last week.
あのろくでなし、先週決めた取り決めに背いている。

grow on （段々好きになってくる）

Your new hair style is beginning to **grow on** me.
君の新しい髪型を段々好きになってきたよ。

hang onto （離さない）

Can I **hang onto** that CD for another week?
もう一週間、あの CD を借りていてもいいかい？

head for （…へ向かう）

I'm **heading** straight **for** the bar. That's all I know.
まっすぐバーに向かっているんだ。僕が知っているのはそれだけ。

head up （見出しをつける）

You need to **head up** every page with a title.
すべてのページにタイトルをつけたほうがよい。

hit it off （仲良くやる、うまくやる）

We didn't really **hit it off**. She's not my type anyway.
僕たちはそんなにそりが合っていなかった。とにかく彼女は僕の好みじゃなかったし。

ink in （インクで書きこむ）

Please **ink in** all the changes and then we are finished.
変更したところを全部インクで書きこめば、作業は終わりだ。

iron out （解決する）

There are a couple of problems to **iron out** before we sign.
署名する前に、片付けておきたい問題点がいくつかある。

jam up （動かなくなる）

The bloody photocopy machine is **jammed up** again.
また、あのいまいましいコピー機が動かなくなった。

jot down （ちょっと書きとめる）

Always **jot down** their names and telephone numbers.
いつも名前と電話番号は書きとめておくようにしなさい。

keep from （人に隠す）

I wouldn't **keep** anything **from** the boss. He always gets to know.
上司に何も隠し事はしないわ。いつもわかってしまうから。

keep in with （〜と仲良くする）

I'd **keep in with** him if I were you. He knows everyone round here.
僕なら彼と仲良くしておくね。彼はこの辺りの人とは顔なじみだから。

leaf through （ざっと目を通す）

Why don't you **leaf through** this brochure and I'll be back in a sec.
そのパンフレットにざっと目を通してください。すぐ戻りますから。

leap at （飛びつく）

I can understand why she **leapt at** the job. What an opportunity!
どうして彼女がその仕事に飛びついたかわかるよ。すごい好機じゃないか。

leave out （うっかり抜かす）

Please don't **leave** anything **out**. All the information is important.
うっかり抜かすものなどないように。すべての情報が重要ですから。

let up（休止）

The rain hasn't **let up** all morning.
雨は朝中やむことがなかった。

light up（タバコに火をつける）

Sorry, but you aren't allowed to **light up** in here.
すみませんが、ここでタバコに火をつけることは禁じられています。

look into（〜を調べる）

Give me an hour and I'll **look into** it.
1時間くれれば調べておくよ。

make of（理解する）

What do you **make of** this?
これをどう思う？

make out（判読する）

I can't **make out** what it says from here.
ここからだと何が書いてあるのか読めないよ。

name after（〜の名をとって命名する）

We've **named** her **after** her grandma.
私たちは祖母の名をとって彼女に名前をつけた。

narrow down（しぼる）

We need to **narrow down** all the choices first.
まずすべての選択肢をしぼりこむ必要がある。

object to（反対する）

I don't **object to** inviting Mick.
ミックを招待することに反対はしない。

動詞句

pack out （満員にする）

They always **pack out** their concerts.
彼らのコンサートはいつも満員だ。

pass up （断る）

I would never **pass up** a date with her.
彼女とのデートは絶対断らないだろう。

pick up on （得る）

Where did you **pick up on** that idea?
どこからそんな考えを拾ってきたの？

point out （指し示す）

Which one is he? **Point** him **out**.
彼はどっち？　指で示して。

pull out (of) （手を引く）

Once the contract has been signed, no one can **pull out**.
いったん契約が結ばれたら、誰も抜けることはできない。

push in （割り込む）

Stop **pushing in** and go to the back.
割り込まないで後ろに行って。

queue up （列に並ぶ）

You have to **queue up** over there for tickets.
切符がほしいなら向こうに並びなさい。

rain off （雨で中止になる）

It looks like the picnic will be **rained off** again.
また雨でピクニックが中止になりそうだ。

read into （読み取る）

I wouldn't **read** anything **into** what he says.
彼の言うことに他意はないだろう。

read off （読み上げる）

Could you **read off** the numbers for me and I'll type them in?
数を読み上げてくれたら、タイプで打つよ。

read up on （読んで調べる）

You all need to **read up on** the law by Monday.
みんな月曜までに法規についてしっかり勉強しておきなさい。

ring round （みんなに電話をかける）

We need to **ring round** the whole team to tell them the game is off.
チームのみんなに電話をかけて、試合が中止になったことを知らせなくてはならない。

rub out （消す）

You'll have to **rub out** all the pencil marks before you hand it in.
提出する前に、鉛筆で書いたしるしを全部消しなさい。

run up （借金などを重ねる）

You've got to stop **running up** these big credit card bills.
クレジットカードで借金を重ねるのはやめるべきだ。

see out （玄関まで見送る）

Would you **see** Mrs. Smith **out** for me?
スミスさんを玄関まで見送ってあげて。

see to （修理する）

You need to **see to** the hole in the roof as soon as possible.
急いで屋根の穴を修理しなくてはならない。

set out （図示する）

If you could **set** it **out** on paper, it'd be much easier to explain.
紙に図を描いて示せば、説明がしやすいはずだ。

stop off （ちょっと立ち寄る）

Shall we **stop off** at the off license on the way home?
帰りに酒屋にちょっと立ち寄ろうか。

take in （状況を理解する）

So much was happening, I couldn't **take** it all **in**.
いろんなことが起こっていたので、すべてを理解することができなかった。

take off （真似をする）

Neville's quite good at **taking off** people.
ネビルは人の真似をするのがとてもうまい。

take up （時間をとる）

I'm sorry for **taking up** so much of your time.
ずいぶん時間をとらせてしまって申し訳ありません。

tell apart （見分ける）

I can't **tell** those identical twins **apart**.
あの一卵性双生児は見分けがつかない。

wait up （寝ずに待つ）

Don't **wait up** for me. I'm going to be late tonight.
私のことを寝ずに待っていなくていい。今夜は遅くなるから。

walk off with （持ち逃げする）

That man just **walked off with** her bag!
あの男は彼女のカバンをまんまと持ち逃げした。

zip up（ファスナーを締める）

I'd **zip up** if I were you. It's pretty nippy outside.
私なら服のファスナーを締めるわ。外はかなりの寒さよ。

zoom off（ずらかる）

Before you **zoom off** to God knows where, please sign this for me.
どこへずらかるのか知らないが、その前にここに署名してくれ。

Column 3
言葉の威力
The power of words

　あたりまえのことですが、単語1つには1つ、もしくはそれ以上の意味が辞書に載っています。この至極単純なことを **denotation**（明示的意味）と呼びます。つまり、言葉が持つ実際の定義的な意味です。

　しかしながら、言葉が持つ意味はこの **denotation** だけではありません。常にではありませんが、言葉が感情的な意味を持つことがあり、これを **connotation**（暗示的意味）と呼びます。言い換えると、**denotation** は客観的意味で、**connotation** とは主観的意味です。

　この **connotation** は英語を学ぶ人々にとって悩みの種となっているようです。常に私は生徒に、勉強している言葉の文法やボキャブラリーだけでなく、その国の文化を知る重要性というものを強く伝えてきました。そしてその国の最新の出来事にも目を向けるよう呼びかけています。

　たとえば、イギリスとイギリス以外のヨーロッパの国々との関係を理解するには、どうしてもイギリスの歴史の概略と現在の政治的背景を知る必要があります。このような国の文化、バックグラウンドを知っていくと、**connotation** についての理解が深まります。

　世界のある人々にとっては、ウサマ・ビン・ラディンはヒーローですが、ほとんどの人々にとってはテロリストです。この人物の名前は多くの感情的内容、**connotation** を含んでいると言えます。また、マラドーナは、ある人々にとっては、偉大な国民的サッカー選手ですが、ある人々にとっては、大変インチキなサッカー選手です（ワールドカップでイギリスとアルゼンチンの試合において、彼が手でボールをゴールへ押し込んだ、あの悪名高き **Hand of God**（神の手）を思い出してください）。

　他に、**connotation**（暗示的意味）を含む語をいくつか挙げておきましょう。**Nazi, fascist, fundamentalism, God, freedom, hooligan, Communism, democracy, human rights** などです。議論が白熱するテーマほど **connotation**（暗示的意味）を含む言葉が使われます。

　私の個人的なことになりますが、**connotation** に関わることを紹介しま

しょう。サッカーに興味のない方にとっては football とは、空気の入った皮製の玉を公園で大の大人が追いかけている、アホらしいゲームでしかないでしょう。しかし、私にとって football とはとてつもなく大きな感情的意味があります。というのも私は、大変なサッカー狂なのです。

このように、**connotation** には個人的なものも少なくありません。逆を言えば、banana とは私には時々食べる果物という意味しかありません。しかし、皆さんの中には、とても大きな **connotation** を見出す方がいるかもしれません。

つまり、状況に応じて選ぶ言葉を注意しなければならないということです。**connotation** には、良い意味と悪い意味のどちらもあることも忘れないでください。喋る時、ぶっきらぼうに思われたいのか、それとも丁寧な印象を与えたいのか、適切な言葉、表現を選んでください。

言論の自由がある点で、私たちは恵まれています。しかし、この自由というものは、責任を伴ってはじめて存在するのではないでしょうか？（公の場で人種偏見を表したり、人を扇動して殺人を行うことは果たして正しいのでしょうか？）"**Sticks and stones may break my bones, but words will never hurt me.**"（棒や石では骨が折れるけれど、口でならなんと言われても痛くも痒くもない）という諺がありますが、言葉は力を持ちすぎて、人を傷つけることも多々あります。言葉とは、ボキャブラリーや文法の組み合わせだけではなく、文化や社会であり、人の一部なのです。

Familiar Expressions
おなじみの表現（イディオム）

　英語には **idioms**（イディオム）として知られる日常英会話の固定表現があります。この表現は地域（方言）によって異なることもありますが、その多くは一般的でネイティブであればすぐ理解することができます。

　繰り返しますが、**idioms** はその表現の中の単語一つ一つから、意味を推測することは不可能なので、知っているか否かのどちらか、つまり暗記する以外に方法がないから、厄介なものです。日常会話でよく使われる **idioms** を知らないと、その会話の大部分を理解できないということにもなりかねません。動詞句に関して言えば、できるだけたくさん覚え、あまり使いすぎず、会話にちりばめる程度にしておく、というのがベストではないかと思います。

　また、**cliché**（お約束表現）も今だに使われていますが、あまりに一般的に使われすぎて、すでに色あせてしまった表現なので必要以上に使うべきではありません。**cliché** は最低限に留め、現代的な表現を使うことを心掛けましょう。しかし、**cliché** しか思い浮かばない時は、"**... for want of a better expression**"（他にいい表現がなくて…）と付け加えます。

　ということで、この章では **idioms**（イディオム）について説明します。イディオムとは、その表現を成す語一つ一つの意味からは全体の意味が推測できない慣用表現です。そして **idioms** は原則としてフォーマルな表現ではありません。

　ひとくちに **idioms** と言っても、色々なものがあります。"**let the cat out of the bag**"（秘密をもらす）など古典的なもの、"**bet one's life on it**"（人生をかけて）のように文字通りの意味ではな

く感情を表現するもの、"a stitch in time saves nine"（今日の一針、明日の十針）のように諺からくるもの、**stock phrases** の章でも紹介した "as I was saying"（いつも言っているように）のようなものなどです。また、多くの **idioms** は比喩的に何か他の意味をほのめかしています。たとえば、**Fleet Street**（ロンドンの新聞社街）は **Press**（新聞・出版業界）を意味します。しかし、"as cold as ice"（氷のように冷たい）などのように直喩表現的なものもあります。

専門的に言えば、**idioms** は 2 種類に分けられます。1 つは、比喩的な意味と文字通りの意味の両方を持つもの。そして、もう 1 つは文字上の意味は持たず、比喩的な意味しか持たないものです。

もし、ネイティブスピーカーのように英語を話し、理解したいのであれば、**idioms** をできるだけたくさん身につけることです。そうでなければ、議論、ビジネス、ディベート、パブなど、あらゆる社会的な状況で不利になってしまいます。

今現在イギリスで幅広く使われているイディオムを紹介します。是非覚えて活用してください。

add insult to injury （踏んだり蹴ったりの目にあわせる）

And to **add insult to injury**, he just laughed in her face.
ひどい目にあわせた上になお、彼は彼女を面と向かってバカにした。

get on like a house on fire （意気投合する）

The kids are **getting on like a house on fire**.
子供たちは大変仲良くやっている。

be any one's guess （断定できないこと、予測しがたいこと）

I'm not sure. That could **be anyone's guess**.
わからないな。断定はできないだろうね。

go from bad to worse （ますます悪化する）

This week has **gone from bad to worse**.
今週はますます悪くなっている。

scrape the bottom of the barrel （〈劣悪な〉残り物で我慢する）

We really are **scraping the bottom of the barrel** if we
have to invite them!
もし彼らを招かなければならないということは、私たちは本当に最後の
手段に頼っているってことだ！

give the benefit of the doubt （〜に有利に解釈する）

This time I shall **give you the benefit of the doubt**.
But only once, mind you.
今回は大目に見るわ。でも今回だけよ。いいわね。

the least said the better （なるべく言わぬが花）

Well, I think **the least said the better**. We don't want a scandal.
そうだね。言わぬが花だよ。スキャンダルはごめんだよ。

in the same boat （運命をともにする）

With Harry losing his job, we're **in the same boat** as you now.
ハリーが仕事を無くしそうだよ。ということは今、私たちを同じ苦境にあるってことね。

have one's cake and eat it （一度に2つ良いことを得る）

Listen. You can't always **have your cake and eat it.**
いいかい、同時に2つおいしいところを持っていけないよ。

cast a cloud over （憂鬱にする）

Well, his behaviour certainly **cast a cloud over** the wedding.
そうね、彼の行動は確かに結婚式の雰囲気をぶちこわしたわね。

jump to conclusions （早合点する）

That's not what I meant. Don't **jump to conclusions**.
そうじゃないよ。早合点しないで。

flavour of the month （流行の物・人）

He's not **flavour of the month** with the Arsenal fans.
彼はアースナルファンの間でも注目されていない。

at the end of the day （結局のところ）

Anyway, **at the end of the day**, he's the best man for the job.
とにかく、いろいろ考慮した結果、彼がその仕事の最適任者だ。

no sooner said than done （お安い御用だ）

"Could you deliver these to the post room?"
"No sooner said than done, guv."
「これを郵便室へ持って行ってもらえるかい？」「お安い御用で。親方。」

how/what/when/why/where on earth （一体全体どうやって/何で/いつ/なぜ/どこで）

Where on earth did you find it? I've been looking for it for weeks.
一体どこでそれを見つけたの？　私はそれを何週間も探していたのよ。

never hear the end of （〜をいつまでも聞かされる）

We'll **never hear the end of** it now he's got promoted.
彼、昇進したんだよ。いつまでもその話を聞かされるよ。

in plain English （やさしい英語で）

Sorry. I didn't understand a word. Could you say it **in plain English**?
ごめん。一言もわからないな。もうちょっとやさしい英語で言ってもらえる？

sit on the fence （形勢を見る、どっちつかずの態度を取る）

Come on. Make a decision and stop **sitting on the fence**.
ちょっと、どっちつかずはやめてはっきりしてよ。

don't give that crap to me / don't give me that crap
（とばっちりをかけるな、迷惑をかけるな）

Lost your key? **Don't give me that crap**!
鍵を失くした？　こっちに迷惑をかけないでよ。

your guess is as good as mine （君と同じように私にもわからない）

Dunno, mate. **Your guess is as good as mine**.
わからないよ。君と同じようにね。

leave a lot to be desired （改善の余地がある）

His performance today does **leave a lot to be desired**.
彼の今日のパフォーマンスはまだまだね。

in a manner of speaking （ある意味では、ある程度）

Well, **in a manner of speaking** you're correct.
ある意味において、あなたは正しいわ。

mark my words （いいかい、よく聞けよ）

Mark my words! One day you'll regret not having listened to me.
いいか、よく聞け。俺の言うことを聞いていなかったことを後悔するぞ。

a miss is as good as a mile （小さな失敗でも失敗は失敗）

"Well, I nearly won." "**A miss is as good as a mile**, mate."
「そうだね。もう少しで勝てたよ。」「でも負けは負けだよ。」

I've only got one pair of hands（手は2つしかない。一度にいくつもできないよ）

Just wait would you! **I've only got one pair of hands**.
ちょっと待って！　手は2つしかないの。

to cut a long story short （手短かに言えば、簡単に言えば）

To cut a long story short, she said she'd marry me!
簡単に言えば、彼女、僕と結婚してくれるって。

keep someone posted （逐一知らせる）

Keep me posted on the results of the test.
そのテストの結果、逐一知らせてね。

take one's hat off to （脱帽する）

Well, you've got to **take your hat off to** him.
そうだね、彼には敬意を示さないと。

so far, so good （これまでのところ順調だ）

Well, **so far, so good**. We've won two out of three.
これまでのところ順調だね。3つのうち2つ勝ってる。

cut and dried （月並みの、既にできている）

It's not as **cut and dried** as you think.
それは君が思うほど単純じゃないよ。

the be-all and end-all （最も重要なもの）

Don't worry. It's not **the be-all and end-all**.
いいよ。それは最重要ではないから。

the half of it （重要なところ）

You haven't heard **the half of it**.
君、重要なところを聞き逃したよ。

as far as one can see （わかる限り）

As far as I can see, it'll be over by eleven o'clock at the latest.
今確実なのは、5時には終わるってことかな。

now I come to think of it （そういえば、本当に、もう一度考えると）

Now I come to think of it, he was there.
そういえば、彼そこにいたわよ。

for the simple reason that （単に～なだけ）

I'm not going **for the simple reason that** I don't like him.
僕が行かないのは、単に彼が嫌いだからだよ。

get one's lines crossed （誤解する、電話が混線する）

I think we've **got our lines crossed** somewhere.
僕らはどこかで誤解しているよ。

have the feeling that （～な気がする）

I have the feeling that it's not going to work.
うまくいかない気がする。

not see it happening （実際に起こると思わない）

I'm sorry, but I do**n't see it happening** somehow.
ごめん、でも実際にそうなるとは思わない。

not so as one'd notice （気づかれないほどに）

"Been busy lately?" "**Not so as you'd notice**."
「最近忙しいの？」「まあそれなりにね。」

the more the merrier （多い方が楽しい）

Bring anyone you like. **The more the merrier**.
誰でも連れてきていいよ。多い方が楽しいから。

more than likely （おそらく、多分）

I'll **more than likely** be there.
たぶん、そこにいるよ。

get a load of this （ちょっと聞いてよ）

Get a load of this. Samantha found Mark in bed with another woman!
ちょっと聞いてよ。マークが他の女とベッドにいるのをサマンサが見ちゃったんだって。

Column 4
イギリス社会における英語の用途
The uses of English in British Society

英語には異なった領域で使われる言葉や、様々なスタイルがあります。単語には、**taboo**（タブー）語や **swear**（罵り）語（Part 4 参照）など、知っておかなくてはならない側面も多くあり、中でも **swearing**（罵ること）はイギリス文化の欠くことのできない肝心な要素で、（必ずしも使う必要はありませんが）いつどのようにして人々が使っているのか親しんでおくべきです。

また、皆さんは **jargon**（業界用語）と **plain English**（わかりやすい英語）の区別をする必要があります。**jargon** は特定グループの専門的用語か、たいてい人に感銘を与えるために使う、難しくもったいぶった用語を意味します。**jargon** は特別な分野で働いていたり、仕事の成功を導く専門用語であったりする場合は必須だと思います（同僚が何を言っているのかを知る必要がありますからね）。しかし、強い印象を与えるために自分を賢く見せようとすることは、あまりお勧めできませんし、あまりイギリス人受けもしないでしょう。コミュニケーションの最たる目的は、自分の言っていることを理解してもらうことにあります。**begin**（始まる）で済ませられる時に **inaugurate**（開始する）は必要ないし、**many**（多くの）で理解できる時に **multitudinous**（多項目から成る）はいらないのです。

他に、最近になって議論されているものに **political correctness**（政治的な表現の妥当性）というものがあり、これは迫害にあったり、恵まれない人種や少数民族に対しての表現に、気を付けなければならないということです。いかなる発言においても **sexist**（性差別者）や **racist**（人種差別者）または侮蔑的にならないよう気を付ける必要があります。

さて、厄介とされている **slang**（スラング）ですが、これは主に話し言葉の表現形式で、教養のある人には低俗であるとみなされています。たいていがグループ特有で、新しい表現が流行しては使われなくなったりと、常に変化しています。**slang** は尊敬には値しないようなものばかりですが、ほとんどの人々に使われているので避けては通れないというのが実情です。できるだけ多くの表現を覚え、いつどこで使うことができるのかも合わせ

て知っておくべきでしょう。

　話し言葉のすべてが **slang** ではないということを、頭に入れておくことも大切です。**slang** は話し言葉の中でも過激な表現形式です。言語学者は **slang** の多くの使い方（友人を作るため、秘密を守るため、人付き合いのためなど）を挙げていますが、一般的には集団の一員であることを認識させるためであることが、主な働きであるということで一致しています。

　propaganda（プロパガンダ）は社会、特に政治の世界でよく出会う言葉の表現形式です。**propaganda** は人を欺くために使う不正直な言葉であるとみなされています。

　この他、日常会話で使われる英語のスタイルに **proverbs**（諺）があります（例：**never too late to learn**）。また、**quotations**（引用）も使います（例：**to be or not to be**）。そして、**catch phrases**（キャッチフレーズ）や **slogans**（スローガン）なども、突然 **fashionable**（流行り）、わずかの間、会話に登場したりします。最後に **graffiti**（落書き）についても触れておきましょう。これは稀に会話に登場することもありますが、ほとんどが書き言葉で使われます。破壊行為とみなされることがしばしばですが、時と場合によってはエンターテイメントとしての役割もあります。たとえば、トイレの落書きなどは笑えるものもあります。

　ここまでは英語のスタイルについて説明しましたが、次に社会で使われている異なった領域の英語を紹介します。

　多くのネイティブにとっても（文系であろうが理系であろうが）難しい、**academic**（学術的な）英語というものがあります。**academic** 英語は膨大な量の語彙があり、高い教養のある人にとっても理解できないほど緻密に書かれていることがあります。**academic** 英語は長い文や客観的なスタイルであることに特徴付けられます。

　他に **law**（法律）や **legal**（法律に関する）英語があります。私はロンドンで税理士をしていたので、この英語はよく知っています。あらゆる可能性を視野に入れた株式投資計画の、法律に関する大量の文書のチェックは、単調で退屈なものでした。**legal** 英語は正確でかつ、あらゆる可能性を考慮した表現でなければならず、とても形式ばっています。

そして、政治家が質問に答えない、または、他の質問にすり替えてしまうことでよく知られている **political**（政治の）英語は興味深い領域です。政治家からハッキリ答えを得るのは大変難しく、一般的に彼らは真相を言わないとされています。政治家は素早く考え、できるだけの情報を集め、そして自分の政治的地位を維持するためにこれらを使います。**political** 英語は多くの固定表現、感情に訴えるため、時には誇張したドラマティックな表現をよく使います。

次に **journalists**（ジャーナリスト）や **reporters**（レポーター）が使う、**media**（報道機関）英語があります。この領域の英語は何を扱うかによってスタイルは様々です。たとえば、スポーツ取材は政治的インタビューとは違ったスタイルを使います。タブロイド版の The Sun から一般的なサイズの The Times まで、新聞によっても各種様々なスタイルがみられます。使われる英語は読者層（基本的に教養があるかないか）に反映しています。そして、新聞記事 **headline**（見出し）という特殊なスタイルもあります。読者の興味を引きつけ、内容に引き込めるかどうかを決める、新聞記事にとって最も大切な部分ですが、その特殊性のため多少慣れないと皆さんにとっては、わかりづらいかもしれません。

advertising（広告）産業では、そうするつもりはなくても、思わず行動させられてしまうような、説得力のある言葉が使われています。**advertising** はメッセージを伝えるため、視覚的・聴覚的な効果と共に特徴的な言葉遣い、言葉遊び、覚えやすいスローガン、力強くハッキリした単語を選択します。

特殊な英語スタイルを使う領域は、宗教、スポーツ評論、音楽、文学、ユーモア、コンピュータ英語、飛行機や船の管制など、他にもたくさんあります。

おわかりの通り、英語のスタイルや用途は実に広いのです。

Part4
半端物

MORE BITS
AND BOBS

地方の英語

"Somebody who went to a good university has no excuse for speaking in that ghastly estuary sludge."

Michael Henderson, in the Daily Telegraph, referring to the England cricket captain, Nasser Hussain.

「いい大学に行った人は、あのひどいエスチュリー英語を話してよい訳がない」マイケル・ヘンダーソン（「Daily Telegraph」の記事より、イングランドクリケットチームのキャプテン、ナッサー・フセイン氏について語る）

　この章では、まず、"新しい"ダイアレクトであるエスチュリー・イングリッシュが標準英語（クィーンズ・イングリッシュ）またはRP（容認発音）と呼ばれる英語にどのような影響を及ぼしているかについてお話しします。次に、スコットランドやアイルランドで話される英語について解説します。

　もうご存じの通り、実際の生活で使われている英語は、教科書で目にする例文とは大変異なります。人々は完全な文を話すことはなく、話し相手と互いの言いたいことを補完し合いながら会話を進めます。また、話の途中で邪魔されることもしばしばで、聞き手は必ずしも最後まで聞いているわけではありません。

　また、皆さんは **accent**（アクセント）と **dialect**（ダイアレクト）の違いを知っていますか？　両方とも出身地を知る手掛かりとなりますが、**accent** は **pronunciation**（発音）の違いを表し、**dialect** は **grammar**（文法）や **vocabulary**（語彙）における違いを表します。RP はいわば特色のないアクセントの英語で、出身地は判別できませんが簡単にイギリス英語だとわかります。もし、イギリス英語のアクセントに詳しい人なら、話し手の出身地をあてることはそれほど難しいことではありません。

　アクセントの中には、見下されているものもありますが、最近ではテレビやラジオのアナウンサーが、RP ではなく地方のアクセントで話したり、多くの有名人が強い訛りのアクセントで話しているため、若者たちは影響され始め、こうした状況は次第に変わりつつあ

ります。　出身地が異なる2人が会って話を始めると、相手のアクセントに合わせようとするため、しばしば2つのアクセントは互いに似通ってくることもあります。

イギリスには、すべてを詳細に説明するとしたら、別の本が必要になるくらい、様々な地方ダイアレクトやアクセントが存在します。

◎ DISC 2　TRACK 22

エスチュリー・イングリッシュvsクィーンズ・イングリッシュ
Estuary English vs the Queen's English

1984年、言語学者ディビッド・ローズウォーンによって名付けられた、エスチュリー・イングリッシュ（EE）（RPとコックニーの中間英語が最も適切な訳語）は、ロンドンを流れるテムズ川のestuary（河口）から始まりました。オックスフォード新語辞典によると、EEとは「現在、人気のあるコメディアン、ポップ・ロックスター、テレビ番組の司会者の間でファッショナブルとみなされている英語」です。

この種の英語は、1980年代以来、ロンドン周辺や近隣の州に広まりつつあることが観察され、報道関係者も大いに関心を持っています。また、EEは、イングランド北東部のハンバー川や北西部のディー川、西部のセバーン川周辺でも聞かれます。

EEが広まった主な要因は、イギリスの効率的な通勤ネットワークのおかげで、ロンドンが簡単に行き来できる場所になっていることが考えられます。ロンドン郊外から市内に通勤してくるロンドン市民は増加の傾向にあり、そうした人々によってEEは更に広がっていくでしょう。

別の要因としては、RPつまり上流階級の英語は威信を失いつつあるので、RPを話す人々は自分たちのアクセントをもっと普通のレベルにまで下げ、RPを話さない人々はEEのレベルにまで上げるよう

地方の英語

になってきていることがあります。そのため、イギリス全体が中間的な英語を話すようになってきていて、パブリックスクールのアクセントは、かつてほど尊敬されていません。

2000年12月のイギリスの新聞 "Daily Telegraph" と "The Independent" によると、EE は王室における話し方にも影響を与えています。エリザベス女王の話し方は、40年前に比べてあきらかに気取りが少なくなっているようです。言語学者は、女王がかつて "pat" "mat" "man" を "pet" "met" "men" と発音していたにもかかわらず、最近は、これらの単語を読み方通りに発音していると指摘しています。また、女王の発音する母音の a の発音が、声道の奥深くに移ったことも指摘しています。女王の短母音は、かつてはどれも似通っていました。たとえば、head と had は、どちらも "hid" と発音されました。しかし近ごろは、それらの単語は区別して発音されます。純粋な EE では、語頭の h 音が発音されず、声門破裂音（閉鎖及び破裂が主に声門でなされる音）を使いますが、女王の話し方には、まだそうした傾向は見られません。しかし、多くのコックニー訛りを使っており、これは他の王室家族、特に若い世代にも見られます。イギリスの首相、トニー・ブレア氏でさえ、EE を話します。

声門破裂音は、EE の重要な特徴です。これは、"t" 音が単語の終わりや子音の前にあるとき、声門破裂音で置きかえられるという特徴です。たとえば、"sea'belt" "trea'ment" "ne'work" "airpor'" など（' は t の文字が声門破裂音で置き換えられています）。

EE の他の特徴としては、対立的な要素を持った付加語尾があります。たとえば、"I told him I would, *didn't I* ?"（私は彼にするって言ったよ、そうじゃないかい？）。また、"**innit**" も頻繁に使われます。たとえば、"**Oroit, innit ?**（All right, isn't it ?）"（いいよね）。否定文では Never がよく使われます。たとえば "**I never did.**"（絶対やってない）。また、副詞の "**ly**" が省略されます。たとえば "**They're doing it too *slow*.**"（彼らはずいぶんゆっくりそれをし

ている）。三人称単数の動詞活用が一人称にも見られます。たとえば "**I _gets_ a lot of them.**"（たくさん手に入れたよ）。過去形にも変化が見られます。たとえば、"**We _was_ there only the other day.**"（私たちは、つい先日そこにいた）。

　ここに、さまざまなメディアから集めた EE の言葉やフレーズをご紹介します。今日、イギリスでどのような英語が話され始めているか、すこし理解できるでしょう。

Are you avin' a laugh? = Are you having a laugh?
（冗談だろう。）

Wasssa matter wiv yer? = What's the matter with you?
（どうしたの？）

Nuffin wrong wiv it = There's nothing wrong with it.
（どこも悪くないよ。）

Like, y'know, talk so vat uvver people can understand vem. = Well, you know. They should talk so that other people can understand them.
（そうだね、彼らは話すべきだよ。そうすれば、他の人にも彼らのことが理解できるだろう。）

Amean ... lessfaysit ... = I mean, let's face it.
（つまり、正直に認めよう。）

Oi, leave it aht, orwight? = Hey! Leave it out. All right?
（おい、ほっといてくれ。）

There you go. = Here you are.
（〈人に物をさしだして〉さあどうぞ。）

Yer wot? = You what? = What did you say?
（なんて言ったの？）

Wotshor nime? = What's your name?
（名前はなんて言うの？）

'And on 'eart. = Hand on heart.
（本当だよ、信じてくれ。）

I fink. = I think.
（…と思う。）

I ain't never done nuffink. = I didn't do anything.
（僕は何もしていない。）

You seen im! = You saw him.
（彼を見たんだろう！）

I never! = I didn't.
（やってない！）

They done it. = They did it.
（彼らがやった。）

You was. = You were.
（君だった。）

Them books. = Those books.
（それらの本。）

The boys done good. = The boys did well.
（その少年たちはよくやった。）

Where's me bag? = Where's my bag?
（私のカバンはどこ？）

cool / wicked / criss / sweet
これらの単語は賛同を表すときの一般的な表現です。

basically
要するに、つまり（話のつなぎとして頻繁に使われる表現）。

　日本の皆さんが初めてスコットランドに行ったら、その発音はとても奇異に感じられると思います。そして、スコットランドのどこに行ってもそれぞれの方言があることに気づくと思います。ロンドンで話されている英語とはかなり異なりますが、英語には変わりありません。これらは、イングランドのヨークシャーやランカシャーで話されている方言とたいした違いはありません。スコットランド人の話すアクセントを注意して聞けば、慣れるのは難しいことではないでしょう。後に挙げるいくつかの言葉さえ覚えておけば、それほど困ることはないと思います。

Scots Language ：スコットランドの言葉＝スコッツ

　スコッツとはスコットランド低地の人々によって話されている言葉です。7世紀に移住してきたゲルマン系の人々によって持ち込まれ、低地と東部の先住民であったゲール人の言葉と交わり発展してきました。スコッツはデンマーク語、オランダ語、フランス語、ゲール語と深く関わっています。英語にはない単語も多く存在します。しかし、古英語（Old English）に語源を持つ単語が多いのも事実です。ですから、私たちイングランド人も少しの手助けがあれば、スコッツを読むことができます。

Pronunciation ：発音

　"ow / ou"の綴りは"**oo**"と発音されます。そのため"mouse"は"**moose**"と読みます。"out"は"**oot**"、"cow"は"**coo**"と発音します。
　人称代名詞の一人称（つまり英語の"I"）はアルファベットの"A"と同じで発音は"Ah"となります。

地方の英語

317

スコッツの動詞で e で終わるものはあまりありません。英語と近い語の時も最後の e を落として発音します。"make" は "**mak**"、"take" は "**tak**" となります。

　英語の "all" の音はスコッツにはありません。英語の "all" にあたるスコッツは "**aa**" です。そのため "fall" は "**faa**" で "call" は "**caa**" です。しかしこの "**aa**" の正確な発音は "dawn" の "aw" の音です。

◉ スコッツの発音ワンポイント

haim = home

stain = stone

gae = go

saut = salt

guid = good

muin = moon

◉ スコッツの文法ワンポイント

lookit = look at "**Lookit** whit you've done!"
（あなたのしたことを見てみなさい。）

mendit = mend it "Ma da'll **mendit** for you."
（お父さんが直してくれるよ。）

tellt = told "I **tellt** ya no to dae it."
（やっちゃだめって言っただろ。）

sellt = sold "I **sellt** it tae him for a fiver."
（5 ポンドで彼に売ったよ。）

gae/gaed/gan = go/went "I'm **gan** haim."（帰るよ。）

gie/gied/gien = give/gave/given "Go **gie** your da a haun."
（お父さんの手伝いに行って来なさい。）

He'll no can come the day, like. = He won't be able to come today.（今日彼は来ることが出来ないだろう。）

Ah micht could gae the morn. = I might be able to go tomorrow.（明日行けるかもしれない。）

Ah dinna ken. = I don't know.（わからない。）

That's me awa haim. = I'm going home now.（もう帰る。）

Ye gaen tae the fitba or ye stayin' at haim with her mammie, ye big Jessie? = Are you going to the football or are you just going to stay at home with your mother like a soft, weak child?（サッカーに行くかい、それともバカみたいにお母さんとお家で過ごすかい？）

Ahm off to huv a wee winch with that bonnie wee lassie... = I am going to go kiss that attractive young girl. （あの魅力的な女性にキスをしに行くぞ。）

◎ スコッツの単語ワンポイント

bairn = kid（子供）"She's just had a wee **bairn**."
（彼女は子供がうまれたばかりなんだ。）

belter = good（よい）"It's a **belter** of a day."
（なんてすてきな日だ。）

boggin = disgusting（最低、気持ちが悪い）
"That tastes **boggin**."（あの味は最悪だ。）

brae = slope/hill（坂、丘）
"I'm gaen sledging down the **brae**."（丘をそりで滑ってくるよ。）

braw = fine, beautiful, handsome（すてき、きれいな、ハンサムな）"She's a **braw** looking wee lassie."（彼女はきれいな子だ。）

buftie boy = homosexual（ホモセクシャル）
"That lad across the road is a bit of a **buftie boy**, by the way."
（向こう側にいる奴、ゲイだよ。）

carry out = booze from the off license（酒屋から酒を持ち帰る）"Fancy a wee **carry out** tonight?"（今夜ビールを持って帰ろうか？）

cludgie = toilet（トイレ）"I'm bursting. I need to gae to the **cludgie**."（膀胱が満タンだ。トイレに行きたい。）

dauner = walk（歩く）"I'm away for a **dauner**."（散歩してくる。）

doheid = idiot（バカ、間抜け〈発音 do-heid〉頭がパン生地でできているという意味）"He's a pure **doheid**."（彼はバカだ。）

drooth = really thirsty（喉がとても渇いている）"I fancy a drink. Ma mouth's pure **drooth**."（何か飲みたいな。喉がすごく渇いた。）

fankle = tangled, mess（絡まった、こじれた）"Your knittings all **fankled** up ma."（編み物が絡まってるよ、お母さん。）

fantoosh = flashy（けばけばしい）"Yer new car's a bit **fantoosh**, like."（君の新車はけばけばしいね。）

fitba = football（サッカー）"Fancy a wee game of **fitba**, pal?"（サッカーしたい？）

footer = procrastinate（先延ばしにする）"Stop your **footering**."（ぐずぐずするのはやめなさい。）

gallous = good（よい）"That goal was pure **gallous**."（あれはすごくいいゴールだったよ。）

gonnae geez us = will you give me（～してもらえる？）"**Gonnae geez us** a loan of some money?"（お金をいくらか貸してもらえる？）

heidcase = nutter（狂っている）"His ma's a **heidcase**."（あいつの母さんはちょっと気ちがいだよ。）

heid the baw = idiot（バカ、間抜け）"He's a pure **heid the baw**, be careful."（彼はちょっとバカだから、気を付けてね。）

honkin = horrible（ひどい、まずい）"I don't like natto as it's pure **honkin**."（納豆は好きではありません。まずいからね。）

up yer juke = up your jumper（ジャンパーの下）"George has balloons **up his juke**."（ジョージはセーターの下に風船を入れている。）

jessie = a softie, weakling（弱虫、女々しい）"Yer nuthin' but a big **Jessie** by the way!"（君はとにかく弱虫だ。）

keeker = black eye（目のまわりのアザ）"He was a in fight and has a right **keeker** now."（彼はけんかして目にアザをつくった。）

lassie = a girl（女の子）"She's a bonnie wee **lassie**."（彼女は器量のいい娘だ。）

loupin = sore（痛い）"My head was **loupin** after a few drinks last night."（昨日飲み過ぎたから頭が痛い。）

mibby = maybe（多分）"I'll **mibby** go to the fitba' on Saturday."（土曜日、多分サッカーに行くよ。）

midgie = mosquito-like insect（蚊などの虫）"It's really hot outside and the **midgie**'s are doin ma heid in."（外はとっても暑いし、蚊にもイライラさせられる。）

nippy sweetie = annoying（イライラする）"She's a real **nippy sweetie** that one."（彼女は本当にうるさい娘だ。）

(the) noo = now（今）"What time is it **noo**? She's late."（今何時？　彼女、遅いな。）

ochters = armpits（脇の下）"She's nae oil painting and she's got right smelly **ochters**."（彼女、あんまりかわいくないし、ワキも臭うよ。）

gaunae = going（行くつもり）"I'm **gaunae** go to the fitba on the weekend."（土曜日、サッカーの試合に行くよ。）

peely wally = when your face is ashen, sick（具合が悪そう、病気）"You look very **peely wally** today."（あまり元気がないみたいだね。）

piece = a sandwich（サンドイッチ）"A **piece**'n' butter."（バターサンドイッチ）

ginger = drink（飲み物）"Can I have a drink of yer **ginger**?"（あなたの飲み物、一口もらってもいい？）

pockle = cheat（ごまかす）"He got **pockled** out of a fiver."
（彼に 5 ポンドだまし取られた。）

riddy / beamer = when someone is embarrassed their face
goes red（恥ずかしさで赤面した）"She's having a pure **riddy**."
（彼女は赤面している。）

sannies = training shoes（運動靴）"Where did yer get yer
new **sannies** from?"（どこで新しいトレーニングシューズを買
ったの？）

screw tap = beer bottle（ビール）"Can I have one of yer
screw taps?"（ビールを 1 本もらってもいいかい？）

skelf = splinter（トゲ）"I was climbing that tree and I've got
a **skelf** in ma finger."（あの木に登ったら、指にトゲが刺さっ
た。）

sook = arse kisser/creep（こびを売ること）"Your a big **sook**
to your mother. What are you after?"（なんでお母さんにへつら
ってるんだい？　何をおねだりするつもりなの？）

tae speir = ask（聞く）"**Tae speir** yer da for pocket money."
（おこづかいのことはお父さんに聞きなさい。）

tea = evening meal（夕食）"Whit's fir **tea**?"（夕御飯は何？）

steamin' = drunk（酔っぱらい）"I wis **steamin'** on Saturday
night."（土曜日は結構酔っぱらっていた。）

swally = to drink（飲むこと）"Can I have a wee **swally** of
your beer?"（君のビールを一口もらってもいい？）

weesht = be quiet（静かにする）"Will you **weesht** while I
talk on the phone."（私が電話で話している間、静かにしてください。）

(tae) blether = to talk nonsense（くだらないことを話す）"I'm
away for a wee **blether** with yer aunt."（おばさんと世間話をし
てくるわ。）

teuchter = someone from the North Of Scotland（北スコットランド出身者）"Typical **teuchter**. He's got no idea."（彼は北スコットランドの典型的なタイプで、まったく何を言っているのか理解できません。）

urny = not（否定形）"We **urny** coming on the weekend."（週末、私たちは行きません。）

wallies = false teeth（入れ歯）"Remember tae take yer **wallies** oot da before yer gae tae bed."（寝る前に入れ歯を出すのを忘れないでね。）

wee = little（少し）"Can yer just wait a **wee** while longer?"（もう少し待っていてくれる？）

willnae = will not（未来否定）"I **willnae** dae it. No way."（そんなことは絶対にしない。）

winch = to kiss（キスをする）"Gonnae geez us a **winch**, hen?"（キスするの？あなた。）

wummin = women（女性）"Place was full of **wummin**, talking nonsense."（世間話をしている女性でいっぱいだった。）

※ Written by **David Speirs**, a Scotsman in Japan.
Bruce Kirk, Mick O'Hagan にも協力いただきました。

アイリッシュ・イングリッシュ　◎ DISC 2　TRACK 24
Irish English

　私はイングランド出身ではありますが、その姓は西アイルランドからきています。

　日本には多くのアイリッシュ・パブがあり、多くのアイルランド人も暮らしているので、皆さんが彼らに会う機会もあるかもしれません。以下にアイリッシュの特徴的な表現をとても短いリストで紹介するので、参考にしてください。

banjaxed = broken, tired（壊れた）"I had to walk because my car was **banjaxed**."（私の車は壊れていた。）

banklink / drinklink = an ATM（現金自動支払機）"I have to do to the **drinklink** to get some cash."（ATM で現金を引き出してくる。）

barracks = police station（警察署）"They arrested him and took him to the **barracks**."（彼を逮捕して警察署に連行した。）

black stuff = Guinness（ギネスビール）"He was a terrible man for the **black stuff**."（彼はたくさんギネスを飲んだものだ。）

bog = toilet（トイレ）"I'm going to the **bog**."（トイレに行ってくる。）

bog roll = toilet paper（トイレットペーパー）"There's no **bog roll** left!"（トイレットペーパーがない！）

bollix / bollox（〈軽蔑語〉嫌な奴）"He's only a **bollix**, that fella."（彼は嫌な奴だよ。）

brutal = terrible（ひどい）"That movie was **brutal**."
（ひどい映画だった。）

chancer = a person who takes cheeky risks（危険を冒す人）"He tried sneaking into the club. He's some **chancer**!"
（彼はクラブへ潜り込もうとした。危険を冒す人だ。）

cog = to copy（コピーすること）"I didn't do my homework, so I had to **cog** it."（宿題やってないから、写さないと。）

craic = fun（楽しみ）"We had great **craic** last night."
（昨夜は楽しかった。）

Croker = Croke Park for Gaelic football games（ゲーリックサッカーのための競技場）"Are you going to **Croker** on Saturday?"（クロウカー公園へサッカーを見にいく？）

culchie = derogatory term for people who live outside Dublin （ダブリンの外に住む人を馬鹿にする呼び方）"I hate when the **culchies** come to Dublin shopping."（田舎者がダブリンに買い物に来るのは嫌だな。）

cut = drunk（酔った）"He was well **cut** last night."（昨夜彼は酔っていた。）

cute (hoor) = clever, conniving（賢い〈しぶしぶの賞賛と共に使われる〉）"How did you find that you **cute hoor**?"（あれを見つけるなんてすごいね。）

deadly = a: great（素晴らしい）b: terrible（ひどい）"The concert last night was **deadly**."（昨日のコンサートは素晴らしかった。）

delph = cups, plates, crockery（コップ、皿、陶器類）"She broke all the **delph** in the cupboard."（彼女は食器棚にあった陶器を全部壊してしまった。）

desperate = bad, needing attention（むちゃくちゃ）"His room is in a **desperate** state."（彼の部屋はめちゃくちゃだ。）

dog = ugly woman（器量の悪い女）"Have you seen his new girlfriend? She's a **dog**."（彼の新しい彼女を見た？　あんまりよくない。）

dry shite = boring person（つまらない人）"We didn't ask him to the party because he's a bit of a **dry shite**."（彼は、ホントつまらない人だから呼ばないよ。）

Dub = person from Dublin（ダブリン出身の人）"The place was full of **Dubs**."（その場所はダブリンの人で溢れていた。）

eejit = idiot（マヌケ）"You're an awful **eejit**!"（君ちょっと抜けているよ。）

feck = （fuck より少し弱い言葉）"**Feck** off!"（失せろ！）

fair play = indicates approval（認めること）"You came first in the race. **Fair play** to you!"（1位だよ。よくやった。）

fecker =（fuckerの柔らかい表現）"Go away you **fecker**!"（おい、どっか行けよ。）

fierce = a : awful（ひどい），b: very（とても）a: "The weather is **fierce**!"（ひどい天気だ。）b: "She's looking **fierce** well!"（彼女はとてもよく見える。）

fine thing = good looking person（容姿のいい人）"She is a **fine thing**!"（彼女は容姿がいい。）

flicks = movies（映画）
"We are going to the **flicks**, are you coming?"（映画に行く？）

flagon = measure (2 pints) for cider（2パイントのシードル）
"I drank a **flagon** of cider at the concert."（コンサートでシードルを2パイント飲んだ。）

form = state of something. Usually used to describe a mood, feeling（〈大抵ムードや気持ちなどの〉状態）"How's the **form**?"（調子はどう？）"He was in bad **form** all last week."（先週、彼は感じが悪かった。）

fry = cooked breakfast with rashers, sausages, eggs etc（ベーコン、ソーセージ、卵などを炒めた朝食）"Do you want a **fry** for your breakfast?"（ベーコン、ソーセージ、卵を朝食べる？）

gaa (G.A.A = Gaelic Athletic Association) / Gaelic = an Irish football game（アイルランド式サッカー）"He plays **gaa** at the weekends."（彼は週末サッカーをする。）"I haven't played **Gaelic** for years."（アイルランドのサッカーなんてずっとやっていない。）

gagging = dying for（～に飢えている）"I'm **gagging** for a drink."（すっごく飲みたい。）

gargle = alcohol（酒）"The **gargle** made him very aggressive."（彼は飲むと暴れるよ。）

gawk = stare（見る）"Quit **gawking** at me!"（俺を見るなよ。）

gob = mouth（口）"Shut your **gob**!"（口を閉じろ！）

gobshite = idiot（バカ、アホ）"He's an awful **gobshite**!"（彼はひどいバカだよ。）

guards = police（警察）"Call the **guards**!"（警察に電話しろ。）

gurrier = rough person（あらくれ者）"The **gurrier** stole her wallet."（あいつ、彼女の財布を盗んだ。）

gyppo = gypsy（ジプシー）"The **gyppos** parked their caravan down the street from my house."（うちの家の前の道にジプシーが来た。）

half one = a measure of whiskey（酒の量。0.5 パイント）"I'll have a pint of guinness and a **half one**."（ギネスを 1.5 パイントちょうだい。）※ 1 パイントは 568ml

header = crazy, unstable person（狂った人）"He's a bit of a **header** be careful!"（気をつけて、彼は狂っているから。）

hoor = devious, used to describe a male, but often with sneaking admiration（ずる賢い男性。尊敬の意も含まれる。）"You'll never guess what that cute **hoor** just did."（あのイイ男が何をしたか、まず想像もつかないでしょう。）

hurley (stic) = stick used in a hurling match（ハーリング〈アイルランドの競技〉に使う杖）"He got hit in the face with a **hurley**."（ハーリングの杖で彼は顔を殴られた。）

jacked = tired, exhausted（疲れた）"He was **jacked** after the race."（競技のあと、彼は疲れていた。）

jackeen = a person from Dublin（ダブリン出身の人）"At the game, the **jackeens** all sat together."（試合中、ダブリンの人たちはずっと一緒に座っていた。）

jacks = toilet（トイレ）"Where's the **jacks**?"（トイレはどこですか？）

jaded = tired（疲れた）"I'm off to bed. I'm **jaded**."（疲れた。）

jar = pint of beer（1パイントのビール）"Do you fancy a **jar** after work?"（仕事の後、1杯どう？）

Jaysus = Jesus, an expletive（ジーザス）"**Jaysus**, it's cold this morning!"（うわー。今朝は寒いよ。）

langer = drunkard（大酒のみ）"My brother is an awful **langer**. He's always drunk."（兄は大酒のみだ。）

langered = drunk（酔った）"He was **langered** last night." （昨夜、彼は酔っていたよ。）

lash = give it a try（試してみる）"I know you have never played before, but give it a **lash** anyway."（やったことがないのはわかるけど、とりあえず、やってみよう。）

let on = pretend（フリをする）"He **let on** that he hadn't heard the news."（彼はそのニュースが聞こえないフリをした。）

lotto = Irish national lottery（アイルランドの宝くじ） "How much are the **lotto** tickets?"（宝くじ、いくら買ったの？）

messer = disruptive person, joker（トラブルメーカー） "Will you tell that **messer** to be serious for a minute!"（あのバカに少しおとなしくするよう言ってよ。）

mighty = great, excellent（素晴らしい）"That's **mighty** news!"（素晴らしいニュースだ。）

mitch = skip school（学校をサボる）"Let's go on the **mitch** today."（今日、学校をサボろうぜ。）

mot = girl friend（彼女）"Where's the **mot** tonight?"（今夜は彼女はどこ？）

mouldy = very drunk（とても酔った）"He gets **mouldy** when

he drinks cider." (シードルを飲むと彼は酔っ払う。)

narky = cranky, complaining (機嫌が悪い) "George is always **narky** in the morning." (ジョージは朝はいつも機嫌が悪い。)

omadawn = idiot (マヌケ、バカ) "He's an awful **omadawn**." (奴はどうしようもないバカだよ。)

one = woman, girl (女性、少女) "Who's your **one**?" (君の彼女はどこ？)

on the batter/ rip/ lash/ razz = to go on a drinking session (飲みにいく) "Are you going **on the batter**?" (今晩飲みに行かない？)

poteen = distilled alcohol made from potatoes (芋から作った酒) "I bought two bottles of **poteen**." (芋焼酎を2本買ったよ。)

poxy = terrible, bad (ひどい) "The weather was **poxy** yesterday." (昨日の天気はひどかった。)

press = cupboard (棚) "He took the clothes out of the **press**." (彼は棚から服を取った。)

puss = sulky, scowling face (むっつりした顔) "After the teacher scolded her, she had a **puss** on her." (先生に叱られたあと、彼女はふくれっ面だった。)

rashers = bacon slices, usually fried (ベーコンのスライス) "I had **rashers** with my fry for breakfast." (朝食にベーコンを食べた。)

ride = a good looking girl (容姿がきれいな娘) "She's a **ride**!" (彼女は美しい。)

scratcher = bed (ベッド) "He was always in the **scratcher** when I called." (電話すると彼はいつもベッドにいる。)

scuttered = drunk (酔った) "He was **scuttered** after a few pints." (彼は2, 3杯飲んで酔っていた。)

shift = make out (セックスする) "Did you **shift** last night?"

（昨夜彼女とやったの？）

slagging = teasing, making good natured fun of someone（いじめる、からかう）"He was always **slagging** his friends."（彼はいつも友人をからかっている。）

sleeveen = a person not to be trusted（信頼できない人）"I will never do business with that **sleeveen** again!"（あんな信頼できない人とはもう仕事をしない。）

shook = to be disturbed, scared（落ち込む）"After the funeral he was very **shook**."（葬式のあと、彼は落ち込んでいた。）

short = measure for spirits（ウイスキーの量）"Do you want a beer or a **short**?"（ビール？　それともウイスキー？）

spud = potato（じゃが芋）"I always have a **spud** with my dinner."（夕食にはいつも芋を食べる。）

squad car = police car（パトカー）"The thieves were loaded into the **squad car**."（泥棒はパトカーに乗せられた。）

stocious = drunk（酔った）"He was always **stocious** on Friday nights."（彼はいつも金曜の夜は酔っている。）

stout = dark beer（黒ビール）"Can I have a pint of **stout**?"（黒ビールもらえる？）

tayto = a brand of potato chip（ポテトチップのブランド）"Can I have two bags of **tayto** please."（ポテトチップ2つもらえる?）

tinker = Irish itinerant（アイルランドの行商人）"The **tinkers** moved on to a new town."（行商人が町に来たよ。）

townie = person from the town（都会出身の人）"He's a **townie**."（彼は都会の人だ。）

wagon = disparaging term for a woman. Ugly girl（ブサイクな女）"She got upset because the boys called her a **wagon**."（男の子たちがブスと呼んだので、彼女はめかしこんだ。）

football（フットボール:アメリカ人は **soccer**（サッカー）と呼びます）は、プレーする人の数、サポーターの数、このどちらにおいても世界で最も人気のあるスポーツでしょう。200 以上もの国々でプレーされ、日本でも過去 10 年間でその人気は急上昇しており、ワールドカップの共同開催国にも選ばれました。そこで **football** の章を設け、選手やマネージャー、サポーターや解説者がフィールド内・外で使う言葉と、彼らのおもしろいコメントを紹介することにしました。

では、なぜフットボールが世界一のスポーツなのでしょう？ それは、ボールと少しばかりの場所があれば十分で、友人、家族、犬とでも、一人だってプレーできて、お金もかからず、試合の目的やルールも簡単で、相手チームより 1 点でも多く得点すればいいだけのスポーツだからです。試合の質や興奮に、高得点を争う必要はなく、0 対 0 の試合でさえ、大いに楽しむことができます。

イングリッシュプレミアリーグは、試合運びがはやく、選手が 90 分間猛烈に走りまわる、世界でも一番興奮する試合と言えます。サポーターはとてもピッチに近い場所から観戦でき、彼らは何マイルも離れたところまで届くほどの応援歌や掛け声で盛り上がります。スタジアムの雰囲気はまさに目を見張るほどです。

football の原形は、おそらく 2500 年前に中国で行われていた **Tsu Chu** と呼ばれるものです。また、ユーゴスラビアやギリシャ、イングランドにも **football** らしき競技が行われていたという証拠が残っています。ギリシャ人は、ボールを蹴ったり投げたりする競技 **Episkyros** をしていました。

1100 年代には、ボールを蹴る競技はイギリスで大変な人気でした。しかし競技にはルールらしきものはなく、大勢の集団によって時には

何マイルもの土地で行われていました。この競技はあまりに人気が高く、人々が仕事をしなくなったので、イングランド王エドワード2世は1314年、この競技を禁止しました。そして1600年代まで、この競技をすることは許されませんでした。

現在の**football**は、イギリスで発達したと言われています。1800年には、この競技はまだ洗練されていませんでしたが、イギリスの多くの学校で行われていました。1846年、ルールの定められた組織化した**football**がケンブリッジで始まり、1857年、イングランド・フットボール協会の設立とともに、**football**は標準化されて、1870年に1チーム11人ということが規格化されました。1862年、J.C.スリング氏の言うところの「最も単純な競技」のためにルールが作られ、20世紀の終わりには、世界中で**football**の人気が出はじめました。また、イギリスの船乗りは、行く先々でフットボールをしたようです。

世界初のワールドカップは1930年にパラグアイの首都モンテヴィデオで開催されました。13のチームが参加し、ウルグアイがアルゼンチンを4−2で下し、優勝しました。日韓共催ワールドカップは、予選を勝ち抜いた29の国とホスト国である日本と韓国、そして前回の優勝国フランスが出場します。

以下に、**football**で耳にする言葉やフレーズを紹介します。イギリス英語をもっと理解できるようになると、選手やマネージャーが何を言っているか唇を見ればわかるようになります。なぜなら限られた言葉しか使わないからです。

◎ DISC 2　TRACK 25

On the field　　　　　　　　　　ピッチにて

Fuck.（サッカー場で極めてよく使われる言葉です。使われる状況によって意味が様々に変化します "**Fucking hell, referee!**" など。）

◎ To the referee ：審判に対して

No Chance, ref.（審判の**判定が間違っている**と言いたい時）

Red card, ref.（相手の選手に**レッドカードを出せ**と要求したい時）

How is he, ref?（相手が**オフサイドではないか**と抗議したい時）

Oh, come on, ref.（ひどい**判定**だと審判に抗議したい時）

You must be joking. / No way.（審判の判定に**不服**だと言う時）

Our ball.（ラインを割ったボールが、**自分のチームのものだ**と主張する時）

Handball!（ハンドボールだったと主張する時）

Penalty!（相手選手のペナルティボックス内での**ファウル**を審判に主張する時）

(Miles) offside!（入った得点を無効にするためなどにも**オフサイド**と主張する時）

That was over the top.（タックルで相手選手の足がボールに触れず、
その**上を越えて蹴られた**と主張する時）

From behind, ref.（**後ろからタックルされた**と主張する時）

◎ Player to player ：選手同士で

Stay onside!（オフサイドにならないようにという味方への呼びかけ）

Half-way line.（相手をオフサイドにするため、味方ディフェンスに**ハ
ーフラインまで上がれ**と指示する時の言葉）

Listen to the keeper.（**キーパーの指示を聞け**という味方への呼びかけ）

Four in the wall.（フリーキックからの**防御の壁を4人で作れ**という指示）

The posts.（キーパーが**ゴールポストの両サイドを守れ**と、2人のフィール

ドプレーヤーを呼び戻してそれぞれを配置するための指示)

Hold the ball. (サポートに行くから**ボールを取られるな**という味方への呼びかけ)

Easy ball. (相手選手が多い、または難しいアングルではなく**確実にパスが通るところにパスしろ**という味方への指示)

Settle it down. (**落ち着いてプレーしよう**という味方への指示)

Man on. (**背後**から相手選手にボールが奪われようとしている時、味方に知らせるための言葉) ※アイルランド人は House を使います。

Get goalside. (味方のディフェンダーのマークが**ゴール側をオープン**にしてしまっている時に注意を促す言葉)

Flick it on. (味方に**ヘディングでパスしろ**という指示)

Turn and face. / Face up. / Face the ball.
(**ボールを背にしている**味方に対して注意する言葉)

Square ball. (ボールを持っている味方に、その人の向きと**直角の位置にいる自分にパスしろ**という要求)

Hoof it up the field. / Get rid of it. / Clear it.
(味方のディフェンダーに、ディフェンスしきれないのでなるべく遠くへ**ボールをクリアしろ**という指示)

We were shite out there. (**プレーがよくない**と味方に言う時)

Get your retaliation in first.
(**やられる前にやるぞ！**と味方の意気をあげるための言葉)

Put it about a bit. / Get stuck in.
(味方チームに**積極的に攻撃的にプレーしよう**と意気をあげるための言葉)

Dummy （いい場所をキープした時、味方にパスされたボールを受けるフリ
だけして、そのままボールには触らずに、**こっちへまわせ**という要求）

Number 10's a nutter.（**10番はイカれた奴だ**と味方に忠告する時）

Goal hanger. （オフサイドのルールを採用していない練習ゲームなど
で、何もせずにゴールの前で待っている**横着な選手**）

That was a tap in.（ゴールにとても近く、何のスキルもパワーもいらない
簡単なゴール）

One-two. （壁パス。非常に速いパスワークのこと）

Nutmeg. （ボールが股の間をすり抜けてしまう最も**恥ずかしいプレー**）

◎ DISC 2　TRACK 26

From the terraces　　　　　　　　　**観客席から**

Me granny could have put that one away.（俺のばあちゃんだ
って今のだったら**決められる**とゴールをミスした選手に対して言う）

Kick him where it hurts. （味方のチームに対して、**相手選手の急所
を蹴ってでも勝て**という応援）

We hate (any team name). （世界中のサッカー場で歌われる歌）

We was robbed. （負けたチームのファンが**相手のチームはズルをし
て勝った**という負け惜しみ）

You're not singing anymore. （チームがゴールを決めた時、静まりか
えっている相手チームのファンに**もう歌ってないのか**と野次る決まり文句）

You only sing when you're winning.

（上の野次りを受けて、**そっちだって勝っている時しか歌わないじゃな
いか**と野次り返す決まり文句）

The referee's a wanker. / Who's the bastard in the black?

（**審判はろくでなし**と不当な判断を下した審判に対する野次）

Get stuck in.（がんばれーというチームへ向けての応援）

That was a sitter.（簡単なミスだと選手を野次る時の言葉）

He couldn't score in a brothel.（**売春宿でも決められないぞ**と技量
の低いフォワード選手に対する野次）

> ※ score in a brothel で売春宿で性行為をするという意味にも取れる。

Commentators' expressions　解説者の表現集

英語でサッカーの試合の解説を聞いていると、以下のような表現
がよく出てきます。

He rifled a fierce drive just wide.

（素晴らしいシュートだったが少し横にそれた。）

He hit the woodwork.（ゴールポストに当たってはね返った。）

The ball fizzed over the bar.

（素晴らしいシュートだったが少しバーの上を越えた。）

He curled it over (= bent it round) the wall.

（フリーキックの壁をうまくかわした。）

Goal.（ゴール）※南米の解説者はこの言葉を3分かけて言います。

He practically broke the net.（ネットを破るような力強いシュート。）

He turned on a sixpence.（迅速なその場での180度ターンだ。）

The lad's a bit special.（他の選手より一枚上手だ。）

He's marshalling the defence superbly.

（彼はバックラインをうまくコントロールしている。）

He hasn't put a foot wrong all game.

（彼は何のミスもなしにうまくやった。）

He's having a blinder.（今日の彼は素晴らしい。）

He's having a shocker.（彼の今日のプレーはひどい。）

He'll never have an easier chance than that.

（これ以上のチャンスは2度と来ないでしょう。）

That's a schoolboy error.（あれは犯してはいけないミスです。）

He stuck / tucked that away superbly.（素晴らしいゴールでした。）

What's the score?　　　　　　何対何？

0-0 = nil-nil
1-0 = one-nil
1-1 = one-all
3-2 = three-two

私たちは得点のことをポイントとは言わず、ゴールと言います。
"**What a goal!**"（なんてすごいゴールだ）というように。

The Wisdom of Football　　　サッカーの知恵

イギリスのサッカーの解説者、選手、監督は名言、珍言を残して

います。以下に私のお気に入りの20フレーズを挙げておきます。

I hear Glenn Hoddle has found God, that must have been one hell of a pass.

グレン・ハッドゥルが神にパスが通ったと言っていましたが、それはすばらしいパスにちがいありません。

※サッカーで found someone（パスが通る）だがグレンはキリスト教徒で found God（神を信じる）の方を意味した。

...and the Spanish champions have come all the way from Spain

スペインのチャンピオンたちはスペインからやってきました。

あたりまえ！

...and the silence in the Bernabeu is deafening

バーナバウスタジアムの（敵の得点による）静けさは、うるさい。

静けさがうるさい?!

...and now it's Keane with Butt spread wide

キーンとバットは（グランド上で）離れてポジショニングしてる。

「お尻の大きく開いたキーンがいます。」という意味にもとれます。※ Butt お尻／人の名前

Lets close our eyes and see what happens...

目を閉じて行く先を見てみましょう。

どうやって?!

The only way we will be going to Europe is if the club splashes out and takes us all to Eurodisney.

（イングランドチームの監督が）我々がヨーロッパに行く唯一の方法は、クラブが派手にお金を使ってユーロディズニーに連れていってくれる時ぐらいでしょう。

プレミアリーグのトップチームに入れないから、サッカーではヨーロッパへ行けないんです。※ go to Europe：サッカーでは UEFA チャンピオンチームに出場すること。

I'd like to play for an Italian club, like Barcelona.

バルセロナのようなイタリアのチームのためにプレイしたい。

バルセロナはイタリアにはありませんよ！※ Barcelona スペインのサッカーチーム

I couldn't settle in Italy - it was like living in a foreign country.

イタリアには住めないよ、外国にいるみたいだから。

ウェールズ出身者なんだから外国でいいんですよ

The match will be shown on Match of the Day this evening. If you don't want to know the result, look away now as we show you Tony Adams lifting the trophy for Arsenal.

今晩ダイジェストをお送りします。結果を知りたくないのであれば、トニー・アダムスがアーセナルのトロフィーを持っているところを観ないでください。

もう言っちゃってますよ。試合結果を。

Lombardo speaks much better English than <u>what</u> people realise.

ランボルド（イタリア人）は皆さんが知っている以上に上手に英語を話<u>す</u>します。

文法的間違い（下線部分）をするイギリス人のコメンテーターよりもね

If it had gone in, it would have been a goal

入っていたら、ゴールでしょう。

あたりまえ！

For those of you watching in black and white, Spurs are in the yellow strip.

白黒テレビでご覧の皆さん、スパースは黄色のユニフォームです。

Schmeichel's thrown that a long way.. in fact, it's gone all the way to Dublin !

シュマイケルが遠くに投げた、ダブリン選手まで飛んでった。

「アイルランドのダブリンまで飛んでいった」ともとれる。※ダブリン（選手の名・町の名）

Apart from their goals, Norway haven't scored.

得点を数えなければ、ノルウェーは無得点です

He dribbles a lot and the opposition don't like it - you can see it on their faces.

彼は、とてもよくドリブルをします。敵はそれが嫌なようです。顔に出ています。

「たくさんヨダレをたらす」の意味にもなる。※ dribbles（ヨダレ・ドリブル）

Julian Dicks has been everywhere... it's like West Ham have got eleven Dicks out there.

ジュリアン・ディックスはよく動いています。ウエスト・ハムには11人のディックがいるようです。

「11のポコチンがそこにあるようだ」という意味にもなる。※ Dicks（選手の名・ポコチン）

Two Andy Gorams, there's only Two Andy Gorams...

二人のアンディー・ゴラムがいる。二人のアンディーだ。

彼が二重人格者と診断されたあと、敵のファンがなじった。

I spent a lot of money on booze, birds and fast cars, the rest I just squandered.

酒・女・車に大金をついやしたけど、それ以外のことに無駄づかいをしたよ。

酒・女・車が無駄づかいじゃないの?!

That's great, tell him he's Pele, and get him back on.

すごい。彼におまえはペレだと言ってやれ、そして彼をフィールドに戻そう。

監督が意識を失っているごく普通のプレーヤーに対して、世界一流のプレーヤーであると催眠をかけたがっている

What I said to them at half-time would be unprintable on the radio.

私がハーフタイムで言ったことは、ラジオで印刷できる内容ではありません。

ラジオで印刷はできませんものね。

このサッカーの章は Jeremy Ward, George Clarkson, David Speirs, Koji Niikura, James Moon, Maison Urwin, John Doyle, Mick O'Hagan, Peter King, Niall O'Flaherty によって寄稿され、名ゴールキーパーの **Andy Cross** によって編集されました。

　もし、皆さんがイギリスやアイルランド共和国で何日か過ごそうと思うのであれば、やはり **bad language**（下品な言葉）を知っていた方が良いと思います（なにも **four-letter words(=fuck)** や **dirty words**（卑猥な語）を使った方がいいと言っているのではないので、誤解しないでください）。ほとんどすべてのネイティブスピーカーが罵り言葉を多少なりとも口にしますし、外出すれば常に誰かが罵っているのを耳にするからです。

　bad language は、よく人に悪態をつくために使われることと、感情的効力が含まれていることを知っておく必要があります。なぜなら、実際に強い意味合いが含まれていたとしても、感情的な意味を知らなければ、不用意に口をついてしまう危険性があるからです。ネイティブスピーカーの中には口癖のように会話の色づけや強調にも罵り言葉を加える人もいます。そして Estuary English（エスチュリー・イングリッシュ）では、会話の肉付けに "**fucks**" や "**fucking**" を多く使います。実際に "**fucks**" や "**fucking**" を会話から除いてしまうと、ほんのわずかな言葉しか残らなくなってしまうような人もいます。

　本書がもし、1950 年より前のイギリスで書いたものであったら、私は確実に裁判所、そして刑務所に送られていたでしょう。ジェームス・ジョイスのユリシーズも "**fucks**" が多く使われていたため、1933 年まで法的に出版が認められていませんでした。同様に D.H. ロレンスのチャタレイ婦人の恋人は、許可が下りたのは 1959 年のことでした。

　swearing（罵り）は **taboo**（タブー）や **abuse**（悪態）とは異なります。これら 3 つは部分的に重複しているので、次に 3 つのタイプの例を挙げておきます。**swearing** は一般的にタブーとされる

語やフレーズを使った感情の爆発です。"**You pansy.**"（ホモ野郎：pansy はホモの意）とタブー語を言ったり、罵ったりしなくても、悪態をつくことはできます。もし "**You twat.**"（バカ野郎：twat は女性の性器の意）と言ったならタブー語を使って、罵りと悪態を同時に言っていることになります。しかし "**Jesus Christ.**"（強い驚きや不信を表す：Jesus Christ はキリスト教救世主）ではタブー語を使っているだけで、罵ったり悪態をついているわけではありません。

罵りやタブー語の使い方には歴史的変遷があります。かつては、宗教的冒涜が最もショッキングで許し難いものとされていました。しかし今では、"**Jesus Christ**" や "**Good God**" は誰でも使います。これはイギリスにおける宗教心の衰退を表しているのかもしれません。一部には **blasphemy**（ばちあたり）や **taking the Lord's name in vain**（みだりに神の名を口にする）と考える人もいます。この神の名を用いたタブー語に対して、多くの **euphemisms**（婉曲語法）があります（例：**snails**（神の爪），**gadzooks**（神のフック），**golly, gosh, by George, Drat, Good grief**）。

taboo という言葉は、1777 年にキャプテン・クックによってポリネシアから持ち込まれ、恐れられたり、禁じられたりする生活の場所、それゆえに口にできない言葉のことです。現在では下品で不道徳な、社会的に受け入れがたいと思われる単語を指します。タブー語を避けるための **euphemisms**（婉曲語法）もあります（例：**Old Nick**（悪魔），**pass away**（死ぬ），**make love**（性交する），**the f-word**（fuck），**Jeepers**（Jesus），**effing**（fucking），**gracious**（神），**trouble and strife**（妻），**coloured folks**（黒人），**financially underprivileged**（貧しい人），**vertically challenged**（背の低い人）など）。

婉曲語法は、単語やフレーズをとても直接的で、あきらかなたと

えをする **dysphemisms**（偽悪語法）を導き出しました。これは故意に驚きや不快な表現を加えたものです（例：**six feet under**（死んだ人），**a stiff**（死体），**to snuff it**（死ぬ）など）。

次に耐え難いフレーズやタブー語は婉曲語法に関連して **four-letter words** を導き出しました。今日ではアングロサクソン語（**shit, turd, arse, fart** がアングロサクソン語ですが **piss** はノルマンフランス語、**fuck, crap, bum, cunt, twat** は語源がわかっていません）は感情的効力をほとんど失い、日常における社会生活の言葉として根付いています。かつて子供の頃、"**shit!**" と言って母に耳をつままれたことを覚えています。もし、もっと汚い言葉を使ったなら母は "**washed my mouth out with soap**"（石けんで口を洗い流した）でしょう。

イギリス人が罵り語を口にしだしたのは、今日に始まったことではありません。1821 年にウイリアム・ハズリット（批評家）は "**The English are rather a foul-mouthed nation.**"（イギリス人は口汚い民族である）と言っています。フランス人は以前使っていた **les Goddems**（英：the god damns（ちくしょう））から私たちのことを **les fuck-offs** と呼びます。

ジェフリー・チョーサーの時代（1343-1400）には罵ることは日常で、彼は可能な限りの罵り語を文書に使いました。しかしながら、ウィリアム・シェイクスピア（1564-1616）の作品は、公的な検閲によって妨げられ、セックスの諷刺はあるものの罵り語はありません。

言語学者によると、罵りはいくつかのトピック（宗教、セックス、狂気、排泄と国民性）に基づいているようです。ジェフリー・ヒューズは著書「罵り—英語の汚い言葉、誓い、冒涜の社会的歴史」で、罵りは、暴力、快楽、衝撃、日常や不可能なものなど、驚くべき様々な態度を含んでいる、と言っています。また改めて考えてみれば、多くの口汚い表現は "**Go fuck yourself**" など実行不可能なこ

とだったりします。ヒューズは swear の文法についても触れています。"swear by / swear that / swear to / swear at" などと言うこともできますし、ただいらだちの表現として言うこともできます。汚い表現ほど自在に変化します（fuck はかつて動詞でしか使われませんでしたが、今ではどんな品詞にも変化します）。また語によっては感情的側面が非常に大きいものもあり、willy（おちんちん）は子供っぽく、penis（ペニス）は科学的、prick（ポコチン）はとても下品です。これらは同じものを指していますが、同じ状況では使われません。

　以上の罵り語を（上手に）使いたければ、リズムとストレス（アクセント）や声のトーンも重要です。一般には、一番最後の語にストレスを置きます（例："**You fucking CUNT!**"）。この場合、一音節の名詞の前に二音節の形容詞がついています。他のパターンとして、二音節の名詞（**bastard, bugger, fucker**）が二音節の形容詞（**silly, stupid, bloody** など）につくものもあります。たとえば、"**You stupid fucker!**" などです。リズムがないもの、"**Not bloody likely**" や "**Abso-fucking-lutley.**" もあります。

　今日、民族や人種をネタにしたタブー語がありますが、かなり危険な言葉なので、私は使わないようにしています。

　four-letter words が年月を経て、ほとんどその強烈な印象を失ってしまったのは、性に対してオープンになったこと、そしてメディアによって日常的に凶悪事件が放送され、人々がそれに慣れてしまったことも原因として考えられます。

　もし、うっかりこれらの罵り語を口にしてしまった時は "**Pardon my French**"（失礼、フランス語がついうっかり出ちゃいました）などと言います。そして、罵り語を使っている人を警告したい時は、"**Ladies present**"（女性の前ですよ）または "**Mind your language**"（言葉遣いに気をつけなさい）と言います。

では、イギリス人が会話で実際に使っている bad language を紹介します。

◎ DISC 2　TRACK 28

The F-word

この言葉は、最もバリエーションが豊富な言葉です。OED によると、この語のはっきりとした起源はわかっていません。しかし、**folk etymology**（民間語源説）によると、ゲルマン系の言葉（ひょっとしたら、ドイツ語の "**ficken**"）からきているという説があります。その意味は "**to strike**"（打つ）や "**to thrust**"（押し出す）です。これはアングロサクソン系の語ではなく、15 世紀のゲルマン系のフラマン語かオランダ語からの言葉です。ラテン語の "**futuere**" が語源であるという説もあります。これは、交尾を意味するフランス語の "**foutre**" と関連しているのでしょう。他の説は、古代ノルウェー人の drive を意味する "**fukja**" からきているというものです。他には、"**F**or **U**nlawful **C**arnal **K**nowledge" や "**F**ornicate **U**nder **C**ommand of the **K**ing" や "**F**orced **U**nnatural **C**arnal **K**nowledge" などの頭文字だという説もあります。いずれにせよ、最も使われている **bad language**（下品な言葉）であることには間違いありません。

以下にイギリスで使われている、この言葉を含む表現を挙げました。他にもたくさんありますが、これくらい知っておけば、まず不自由しないでしょう。

英語のタブー、罵り、悪態

345

abso**fucking**lutely
"Are you going tomorrow?" "Absofuckinglutely!"
(「明日行く？」「もちろんあたりまえじゃん！」)

※上語と同じように使われる例：fan**fucking**tastic / im**fucking**possible / un**fucking**believable

arse-**fuck** / bum-**fuck** / dumb**fuck** / **fuck**brain / **fuck**face / **fuck**head / **fuck**wit / head**fuck**
"You **arse-fuck**!" (バカヤロウ！)

ASAFP　※ as soon as fucking possible
(超大至急)

eff-off / **fuck** off
Why don't you just **fuck off**!
(どこかへ消えろ！)

(fat /ugly) **fucker**
You fat **fucker**!
(あほう！)

give a **fuck** / fiddlers **fuck** / flying **fuck** / double-**fuck**
I don't give a **fiddler's fuck**!
(全然気にしてないぜ！)

for **fuck**'s sake
For fuck's sake. I've already told you.
(またかよ、前に言ったじゃん。)

fuck a duck / **fuck** me / **fucking** hell / holy **fuck**
Fuck a duck! Did he really say that?
(ええ、あいつはそんな事を言ったの？)

fuck about
Stop **fucking** about, will you!
（ふざけないで。）

fuck around with (something)
Stop **fucking around with** that and put it down!
（それをいじくるのはやめて、置いておいてよ！）

fuck away
Fuck away your life. See if I care.
（人生無駄にしてろ、私の知ったことじゃないさ。）

fuck it
Fuck it! That's the second time I've made that same mistake.
（ちくしょう、また同じ間違いをしちゃったよ。）

fuck it all / **fuck** this for a game of soldiers
Fuck it all. I've had enough of this.
（あきらめた、もう十分だ。）

fuck (someone over)
I'm going to **fuck him over** when I see him.
（今度あいつを見つけたら、やっつけてやる。）

fuck (someone's) mind
Stop **fucking** with **my mind**.
（惑わせるなよ！）

fuck up
Don't tell me. You've **fucked up** again.
（また間違えたなんて言うなよ。）

fuck you / get **fucked** / go **fuck** yourself
"Fuck you!" "Up yours!"
(「くたばれ！」「おまえこそ！」)

fuckable
She's definitely **fuckable**.
(彼女は完璧にオレ好みだ。)

fuck-all
There's **fuck-all** to eat in the fridge.
(冷蔵庫に何もない。)

fucked
I'm **fucked** if I'm doing it!
(絶対そんなことをしてられないさ。)

fucked off
I'm **fucked off** with this.
(これはもうやりたくない。)

fucked up
He's really **fucked up**.
(彼はホントにおかしくなった。)

fuck else
Well, there's **fuck** all **else** to do.
(他に何もすることはない。)

fucking arseholes
Just ignore them. They're **fucking arseholes** anyway.
(ほっとけよ、ヤツらバカだし。)

fucking well
I **fucking well** hope so.
(まったくホントにそう願うよ。)

fuckload

Get a **fuckload** of this.

（見てみろよ。）

is it fuck

"It's definitely Italian." "**Is it fuck**."

（「絶対イタリア製だね。」「いいや、違うよ。」）

like fuck

"I'm going out with her next week." "**Like fuck** you are."

（「来週、彼女とデートなんだ。」「うそに決まってるさ。」）

no fucking way

No fucking way am I doing that!

（絶対そんなことはしない。）

the f-word

You shouldn't use **the f-word**.

（F語（Fuck）を使うのはやめなさい。）

※ motherfucker（アメリカ英語、イギリスでも現在使われる）

　イギリスにはピースサインで手の甲を相手に向けるサインがあります。これは、アジャンクールの戦いで、フランス兵がイギリス兵の弓矢などあたりはしないと、弓を引く2本の指でイギリス兵をなじったことが起源とされています。幸いにも（フランス側であれば不幸にも）イギリス兵士の弓は的中率が高いもので、シェイクスピアのヘンリー5世によばれ、29人のイギリスの弓兵士によって10,000のフランス兵が命を落とした、とあります。それからイギリス兵は2本指で弓を引くようにフランス兵をなじったそうです。つまり **fuck off!**の意味です。これは今でも喧嘩を売る時や友人間での悪ふざけに使われています。

Other dangerous words　その他の危険な言葉

以下、fuck の同義語も fuck 同様、注意して使ってください。

◉ <u>shit, turd, crap</u>：これらの言葉には「大便」という意味だけで
　　　　　　　　　　　なく、様々な用途があります。

同情：**Tough shit!**（しょうがないよ）

罵倒：**you little shit! / shit-hole / shit-head**（このやろう！）

諦め：**I don't give a shit**（どうでもいい）

トラブル：**now we're in deep shit**（ひどいことになって）

恐怖：**shit scared / shit a brick**（恐ろしいな）

驚き：**no shit!**（まさか！）

卑劣さ：**that's a bit shitty**（なんでそんなことをするの？）

shit on someone（悪い行いを誰かにする）

質が悪い：**that's a load of shit**（すごく質が悪い）

その他、よく使う表現：**shit faced**（酔っぱらい），**feel like shit**（具合が悪い），**look like shit**（ひどい格好だ），**shitter / the crapper**（トイレ），**the shits**（下痢），**shit-stabber / turd burgler**（ホモセクシャル），**shit hot**（かっこいい），**bullshit**（嘘），**shit! / shite!**（くそ！），**shit for brains / dumb shit**（バカ），**crazy shit**（クレイジーな人），**like shit off a shovel**（すごく早い），**shit on someone from a great height**（しかる、罵る），**shit out of luck**（運がない），**get one's shit together**（まとめる、準備する），**smoke shit**（マリファナを吸う），**know one's shit**（熟知している），（**hotter**）**than shit**（とても〜），**weird shit**（変わったこと），**crap on**（止まらない），**crappy**（まるでダメな）など。

◈**piss**：この言葉には「小便」という意味だけでなく、他の意味で
　　　　も使われます。

piss off（立ち去れ），**pissed**（酔っぱらい），**piece of piss**
（簡単な），**take the piss**（からかう），**piss-artist / piss-head**
（よく酔っぱらっている人），**piss-flaps**（くそ！），**piss on
someone's chips**（イライラさせる），**piss oneself laughing**
（笑いこける），**piss-up**（パーティー），**pissed off**（怒る），
pissing（強調），**piss it**（簡単だ），**piss someone off**（誰か
を怒らせる），**piss-poor**（あまり質がよくない）など。

◈**fart**：この言葉には「おなら」という意味だけでなく、他の意味
　　　　でも使われます。

I don't give a fart（気にしません），**fart around**（いじくる），
got the farts（おならが止まらない），**farty**（あまり良くできて
いないもの）など。

◈**cock**：この言葉には「男性性器」という意味だけでなく、他の
　　　　意味でも使われます。

cocksucker（いまいましい奴），**cock-up**（間違い），**cock-
teaser**（思わせぶりな女）

◈**cunt**：この言葉には「女性性器」という意味だけでなく、他の意
　　　　味でも使われます。この章の中でも一番意味が強いです。

you cunt! / cunt face（このやろう！），**cunting hell**（感嘆）
など。

◈**twat**：この言葉には「女性性器」という意味だけでなく、他の意
　　　　味でも使われます。

you twat（このやろう！），**twatting hell**（感嘆）など。

How to insult someone in English　英語で人を侮蔑するには

　ここでは、人を侮辱する表現を載せます。何千とあるうちのいくつかです。

　いちばん簡単な方法は "You ..." です。たとえば，**You twat! / You cunt! / You imbecile! / You shit! / You bastard! / You arsehole!** などで、他にも次にあげる単語を "You ..." の後に入れて怒鳴りつけることもできます。

abortion / jerk / tool / arsewipe / scumbag / fucker / cocksucker / wankstain / wanker / tithead / cuntprick / dickhead / plonker / prick / cuntface / tosser / bag of shit, shithead / *shit-for-brains など。

* だけ You ... の形にしないで単独で使います。

　時には、やり返す表現も必要かもしれません。すべて、「くたばれ！」「あっちへ行け！」というような意味です。

go fuck yourself / piss off / fuck off / get lost / take a running jump / stick it up your arse / up yours / get fucked など。

　少しおバカさんだ、と言いたい時は、"He / She's ... / You're..."の後に次のようなフレーズを続けます。

a few bricks short of a load / not all there / two pence short of a bob / two sandwiches short of a picnic / as thick as a plank / soft in the head / *the lights are on, but there's no one home / *the lift doesn't go to the top floor など。

* だけ He / She's ... / You're... の形にしないで単独で使います。

　狂っている、変だと言いたい時は、"He / She's ... / You're..." の後に次のようなフレーズを続けます。

nuts / a nutter / whacko / a loony / cuckoo / a headcase / mental / a nutcase / a weirdo など。

その他の人に対しての侮辱的な言い方：**loose cannon**（いつ誰に怒り出すか予測できない人），**mardy arse**（移り気な人），**bellyacher**（不平ばかり言う人），**pain in the arse**（嫌な人），**stirrer**（問題をあおり立てる人），**bag of wind**（おしゃべり），**big mouth**（露骨に言う人），**clever dick / smart-arse**（知識をひけらかす人），**back stabber**（裏切り者），**fibber**（うそつき），**brown nose / arse-licker / crawler / arse-wiper**（おべっか使い），**loser**（弱虫），**wimp / soft / big girl's blouse**（女々しい人），**nerd / anorak / geek**（おたく）など。

無能な人には、"He / She / You couldn't ..." の後に次のようなフレーズを続けます。
fight his way out of a paper bag / organise a piss up in a brewery / score(get laid) in a brothel など。

外見をバカにするときは：

太った人：**fat-arse / fat pig / porker / porky / fatso / bucket of lard / bargain bucket**〈女性に対してのみ〉**/ lard-arse**

やせた人：**streak of piss / bag of bones**

背の低い人：**short-arse / half-pint / lofty / shorty / squirt**

背の高い人：**beanpole / lamp-post**

醜い女性：**moose / hound / dog / bag of smacked twats / boiler**

醜い人：**a bag full of spanners / the rear end of a cow / the back end of a bus**

頭について：**slap-head / baldy**（禿げ）**grease ball**（髪の毛が油っぽい人）

顔、その部位について：**pizza face / zitty**（できものがいっぱいできている人）、**boss-eye**（斜視の人）、**four-eyes / specky twat**（眼鏡をかけている人）、**big-nose**（鼻が大きい人）、**Rudolph**（鼻が赤い人）、**dog-breath**（口臭のする人）、などがあります。

　人のキャラクターを言うには：**greedy-guts / pig / gannet**（大食漢）、**alky / boozer / pisspot / souse / winehead / wino**（アル中）、**chimney**（ヘビースモーカー）、**lazybones / milker / sponger / skiver**（怠け者）など。

　人について：**out-laws**（義理の家族）、**headache**（悩みの種）、**ball and chain**（奥さん）、**accident / mistake / afterthought**（計画外の妊娠）、**old codger / wrinkly**（老人）、**old bag / old dragon / old trout**（おばさん）、**moneybags**（お金持ち）、**down-and-out**（宿無し）、**scrounger / cadger**（いつもお金をねだる人）、**skinflint / stingy bastard / tight-arse / tightwad / cheapo**（ケチ）、**bit of posh / rough**（上流・下級の人と関係を持った人）、**chinless wonder**（無能な人）、**fashion victim**（ダサい人）、**clodhopper**（不器用な人）、**bumpkin**（田舎者）など。

The Bible and the Book of Common Prayer
聖書と英国国教会祈祷書

　聖書は、これまで英語に多大な影響を及ぼしてきました。というのも、聖書が一般市民の話す英語に翻訳されたり、礼拝での説教がラテン語から英語に変更されることで、英語の威信が高められたからです。欽定訳聖書（ジェームズ王の聖書）は、英国王ジェームズ一世の命により、56人の学者が3年半から4年かけて翻訳編集し、1611年に出版されました。しかし、ベースとなったのは、ウィリアム・ティンダルが翻訳した聖書です（ティンダルは、1525年、初めて新約聖書を翻訳した英国の宗教改革者で、彼の英訳聖書は、初めて他の言語に翻訳された聖書です）。この英訳聖書は、学習という行為を一般大衆に広めました。人々は聖書に書かれた物語や文章を暗記するようになり、それらはどこに行っても通用したのです。それ以前は、ラテン語の聖書の翻訳は、英国国教会信者に頼らなくてはなりませんでした。しかし、英訳聖書の登場により、だれでも神の言葉に触れることができるようになったのです。英国国教会祈祷書（1662年、主に英国の宗教改革指導者トーマス・クランマーによって書かれました）も、大きな影響力を及ぼした書物で、多くの比ゆ表現の宝庫です。テレビジャーナリストであるJパックスマンが書いた「The English」によると、オックスフォード引用辞典には、この祈祷書から549の文が引用されています。

　イギリスには、歴史のある美しい教会や大聖堂が数多くあります。信仰心を持っている人も持っていない人も、訪れてみるといいでしょう。しかし、残念ながら、イギリス人は宗教の何たるかを忘れてしまったようです…。

　以下は、聖書や英国国教会祈祷書からの抜粋、または直接的、間

接的に宗教に関係している表現や格言、引用文の抜粋です。

a Babel of sounds　がやがやと入り混じった話し声

a David and Goliath situation　ダビデとゴリアテを取り巻く状況：第2代イスラエル王ダビデはペリシテ人の巨人戦士ゴリアテを倒したことから、小さな企業が大きな企業を打ち負かす時などに使われる

a doubting Thomas　不信のトマス：証拠なしには信じない人、疑い深い人（キリストの弟子のうちトマスだけが自分の目で十字架に釘付けにされた傷跡を見るまでキリストの復活を信じないと言ったことから）

a fact of life　避けがたい人生の現実

a godsend　思いがけない幸運

a good Samaritan　よきサマリア人：苦しむ人々に惜しみない援助と同情を与える人

a man of God　聖職者、牧師

a thorn in the side of　苦痛（悩み）の種

a wolf in sheep's clothing　羊の皮を着たオオカミ：親切を装った危険人物

all hell broke loose　突然、大きな乱闘などが始まること

an act of God　不可抗力：地震、落雷、洪水、台風のような予知、予防不可能な天災

an angel of mercy　慈悲の使者、天使のように慈悲を行う人

as God is my witness　神に誓って

as large as life　実物大の、実際に

as silent as the grave　まったく静かな

as true as God's in heaven　神に誓って

as ugly as sin　ひどく器量の悪い

at one's wits end 考えあぐねて、途方にくれて

be thankful for small mercies どんな小さな恵みにも感謝する

bless his heart かわいそうに

can the leopard change his spots? 豹はまだらの皮を変えられるか：人の性格は変わるか

damned if you do, damned if you don't やってもやらなくてもだめ

do one's duty 任務を果たす

eat sour grapes 負け惜しみを言う

eye for an eye 目には目を

for a handful of silver 一握りの銀貨のために

for better or worse どんなことがあろうと永遠に

for the hell of it おもしろ半分に、別に目的もなく

for the love of God! 後生だから、一生のお願いだから

go from strength to strength 急速に力をつけて

go to hell! くたばれ、消えろ、うせろ

God bless you! それはたいへんだ、お幸せに、（くしゃみをした人に）お大事に

God forbid （そんなことは）断じてない、めっそうもない

God help me 神様、助けて

God knows だれも知らない、確かに…である

God moves in mysterious ways 予測できないこと

God willing 事情が許せば、万事うまくいけば

God's gift to 神の賜物

good God これは驚いた

have a sting in the tail 物語などの最後に驚くべき事実が暴露されること

he who casts the first stone （間違ったことをした人を）真っ先

に非難する、性急な判断をくだす人

holier than thou　聖人ぶった、独りよがりの

honest to God!　誓って、本当に

I swear before God　神にかけて誓う

I wish to God　神に願う

if the blind lead the blind　盲人が盲人の道案内をする：たいへん、危険だ

in heaven's name! / in the name of God　神の名にかけて、お願いだから、後生だから

in the twinkling of an eye　あっという間に

may God forgive me　神よ、お許しください

meet one's maker　死ぬ

move heaven and earth　(…するために)全力を尽くす、なんとしてでも…する

neighbours from hell　ひどい隣人

no rest for the wicked　悪人に休みなし

nothing short of a miracle　とても成功の見込みのない

one's last will and testament　遺言書

one's left hand doesn't know what the right hand is doing　(ある組織、会社などで)ある部門と他の部門がやっていることがばらばらである

preach to the converted　改宗者に説教する、すでに同意している人にさらに勧める；釈迦に説法

speak/talk of the devil　うわさをすれば影

suffer fools gladly　愚かな奴を我慢する、ばかげたことを容認する

take a pew　座る

the day of reckoning　清算日、最後の審判の日

the devil's advocate　（議論のための議論として）故意に反対の立場を取る人

the evil eye　邪悪な目

the heavens opened　土砂降りになる

the last rites　病人の塗油：生命の危険がある重病人に対して、あるいは手術の前に行う7つの秘跡の1つ

the root of the matter　問題の核心

the salt of the earth　地の塩：社会の構成員のうちで最も善良で高潔とされる人々

the skin of one's teeth　間一髪で、きわどいところで、かろうじて

to dig one's own grave　自ら墓穴を掘る

to give someone hell　（人を）こっぴどく懲らしめる、とっちめる、雷を落とす

to go through hell　生き地獄を経験する

to hell with　どうなろうと構わない、知ったことではない、うんざりだ

to smell to high heaven　ひどくにおう、怪しい、疑わしい

to wash one's hands of something　…と手を切る（イエスの裁判に関して自分は関係ないと言って手を洗ったピラトの故事から）

turn the other cheek　（仕返しをせずに）人の仕打ちを受ける、暴力、侮辱などを耐え忍ぶ

who/what/how etc the hell　ちくしょう、くそっ、ちえっ

why the hell（don't you ...）　一体全体どうして

Amen.

A Classical Education
古典語教育

　私は学校で4年間、必須科目であるラテン語を勉強しました。同時に古代ギリシャ語も少し学びました。その頃は今日より、古典語は尊敬されていました。生徒は、ラテン語や古代ギリシャ語の文の一節を暗記したり解釈したりしたものです。最近は以前ほど、この死語となったラテン語や古代ギリシャ語に関心が持たれなくなったようです。ご存知のように、古典語から引用された人々や場所の名前は、日常話される英語のなかでよく使われます（教育程度が高い人々の日常英語のなかではありますが）。日常よく使われる単語の多くは、ラテン語や古代ギリシャ語から来ています。以下に古典語の抜粋を列挙しますので、参考にしてください。これらを使えたら一目置かれること間違いなしです。

Spartan simplicity　スパルタ人のように質素

when in Rome, do as the Romans do　郷に入っては郷に従え（ローマではローマ人のするようにせよ）

under the aegis of　…の庇護を受けて

a Trojan horse　トロイの木馬（内部からかく乱する人）

fiddle while Rome burns　安逸をむさぼる（ローマ皇帝ネロがローマが燃えるあいだフィドルを弾いていたと伝えられることから）

an Achilles'heel　アキレス腱（唯一の弱点）

all roads lead to Rome　すべての道はローマに通じる（目的達成の方法はいろいろある）

as rich as Croesus　クロイソスくらいの大金持ち（小アジア西部の古代の王国リディアの最後の王）

between Scylla and Charybdis　進退窮まって（海の怪物に姿を変えられたニンフ Scylla は、船が Charybdis の渦巻きを避けて近づくと船乗りを取って食べたという）

cross the Rubicon　決断を下す（ジュリアス・シーザーがルビコーネ川を渡ってポンペイウスと対決したことから）

cut the Gordian knot　快刀乱麻を断つ（古代国家フリギアの王、ゴルディオスの戦車は極めて複雑な結び方でナガエとクビキにつないでいて、アジアを支配する者のみがこれを解くという神託があったが、アレクサンダー大王はこれを剣で両断した）

the Greeks had a name for it（言葉が思い出せない時に使う）

a Pyrrhic victory　多大の犠牲を払って得た勝利（古代ギリシャ王ピュロスは **Asculum** の戦いでローマ軍に勝利したが、両軍ともほとんど同数の死傷者を出したことから）

open Pandora's box　人類を悩ますあらゆる害悪を封じこんだ箱（パンドラの箱）を開ける

a Parthian/parting shot　捨てぜりふ、別れ際に残す辛らつな言葉（古代パルティアの騎兵が逃げながら敵に矢を射た習慣から）

a phoenix from the ashes　不死鳥のように蘇る

Rome wasn't built in a day　ローマは一日にしてならず

an Adonis　美青年、好男子（女神アフロディテの愛を受けた美青年アドニス）

a clash of Titans　巨大な者同士の衝突

Herculean efforts　（ヘラクレスのような）大力を要する仕事

a Sisyphean task　際限なく徒労を繰り返すばかりの、果てしなく無駄な仕事（古代ギリシャ、コリントの王シシュポスは、死後、地獄で転がり落ちる大石を山頂まで押し上げる永久の罰をゼウスから命じられたことから）

the Midas touch　富豪、大金持ち（小アジアの古代国家フリギ

アの王ミダスは、手に触れるものすべてが金に変わってしまう力をディオニューソスから与えられたことから）

remember Ozymandias オズマンディアスを思いだせ（オズマンディアスはかつて自分は一番であると書いた碑を建てたが、何年か後、その碑は彼の零落とともに砂に埋もれたことから、大きなことを言うと後で恥をかくという意味）

the Oedipus complex エディプス・コンプレックス（フロイトの心理学で異性の親に対して子供が無意識に抱く性的な願望を言う：特に息子の母親に対する欲望を意味し、父親を競争者として憎むようになり、他方母親に対し性的な思慕を持つようになる）

WARNING
警　告

ショックを受けやすい方や
18才未満の方はこの章を
読まないでください。

英語でのセックスの仕方

『イギリス英語 Total Book』のセックスの章にとても反響があったため、もっと、**titillation**（刺激的）な情報を皆さんに提供したいと思います。セックスに関するボキャブラリーは膨大で、それだけで一冊のぶ厚い本ができてしまいます。私は、セックスに関するリサーチを行った結果、人間の快楽に対する欲求とその作り出された表現の多さに驚きました。ここでは、イギリスで使われているセックスに関する言葉の中でも、最も頻繁に使われているもののリストを作りました。

　ご存知のように、ここでは、タブー、下品な言葉がたくさん出てきます。多くは、男性に使われるものですが、女性も注意さえすれば使用可能でしょう。

太字が私にも馴染みのある語です。
男性

ペニス = abominable pants worm, **member**, arse-opener, baby-maker, beard-splitter, beaver cleaver, beef bayonet, best friend, big Ben, blue-veined custard chucker, Captain One-Eye, chopper, cock, cucumber, custard-chucker, Cyclops, dagger, dick, ding-a-ling , dong, donger, everlasting gobstopper, Fred, Hampton Wick, handle, heat seeking missile, Herman the One-eyed German, Jimmy, **John Thomas**, King Dong, knob, lingam, love bone, love dart, love gun, love muscle, love pump, love torpedo, love truncheon, meat dagger, meat, Member for Cockshire , middle leg, missile, Mr. Big, mutton bayonet, nob, one-eyed monster, **one-eyed trouser snake**, organ, **pecker**, pencil, pencil dick, Percy, Peter, piece of meat, **plonker**, **prick**, purple-headed monster, python, **sausage**, schlong, schmuck, shit stabber, sword, tadger, 10-Pounder, thing, thingie, thingummy, thingy, third leg, Thomas, Tom Thumb, tool, trouser ferret, trouser snake, truncheon, unemployed, **wang**, wanger, wank stick, weapon, whatchamacallit, wife's best friend, **willy**, willy the burping worm, winkie, etc

割礼済みペニス = bald-headed hermit, bald-headed mouse, etc

勃起したペニス = a bit of stiff, bayonet, blue veiner, bone-on, **boner**, bonk-on, cunt-stretcher, fixed bayonet, flagpole, **hard-on**, have a bone-on, have a boner, **have a hard-on**, lead in your pencil, Morning glory, pitching a tent in one's shorts, **stiffy**, **stonk-on**, stonker, stork-on, etc

包茎の皮 = banana skin, helmet pelmet , turtleneck sweater, etc

勃起していないペニス = cold meat, dangler, dead meat, **floppy**, Mr Floppy, droopy, limp-dick, limp-prick, etc

性器 = bits, **crown jewels**, family jewels, gear, ham and two eggs, knick-knacks, marriage gear, meat and (two) potatoes, **meat and two veg**, naughty bits, necessaries, nuts and bolts, package, **private parts**, **privates**, **rude bits**, tackle, wedding tackle, etc

大きいペニス = donkey dick, penis immensus, stacked, **big dick**, **well-endowed**, well-equipped, well-furnished, well-hung, whopper, **hung like a horse**, etc

亀頭 = **bell-end**, cheesy bell-end, end, German helmet, helmet, etc

陰毛 = bush, curlies, curly hairs, **pubes**, **short and curlies**, etc

陰嚢 = ball bag, ball sack, ballock bag, jizzbags, **scrot**, scrot sack, **scrote**, tadpole carrier, etc

睾丸 = acorns, back wheels, Balkans, ballocks, **balls**, bangers, Christmas crackers, clappers, **cobblers**, cobbler's awls, coconuts, cods, cum factories, danglers, dangling participle(s), dodads, **gonads**, hairy conkers, heirlooms, **knackers**, love nuts, nadgers, nads, Niagara Falls, **nuts**, plums, rocks, testimonials, thingamabobs, thingamajigs, wank tanks, etc

尿道 = jap's eye（日本人の目）, etc

包茎 = cavalier, etc

射精 = blow one's fat, **blow one's load**, blow one's wad, clear the custard, clearing the snorkel, **come**, come off, crash the yoghurt truck, cream, **cream one's pants**, **cum**, fire blanks, free the tadpoles, have a wet dream, jack off, shoot, shoot one's load, spunk, squirt, etc
早漏 = dishonorable discharge, go off at half cock, **hair trigger**, misfire, **P.E.**

精液 = albino custard, Aphrodites Evostick, arse grease, baby custard, baby gravy, ball juice, chism, cock porridge, cock puke, cock snot, **come/cum**, come-juice, custard, dicksplash, face cream, **gism**, gonad glue, home brew, load, map of England, mess, pearl necklace, pedigree chum, seed, **sperm**, **spunk**, wazz, yuk, etc

女性

クリトリス = bean, cherry, **clit**, clitty, flickie, hot spot, joy button, rosebud, tastebud, etc.

性器 = agreeable ruts of life, beaver, between the legs, cunning, **cunt**, **down below**, down there, **fanny**, finger pie, fur burger, genital smile, hair pie, minge, Mount Pleasant, **muff**, nether regions, **pussy**, triangle of love, trim, tuna, **twat**, etc

陰唇 = bacon sandwich, beef curtains, curtains, flaps, fuck flaps, labs, passion flaps, **piss flaps**, etc

陰毛 = badger, bearded lady, bearded oyster, **bush**, **pubes**, pussy hair, thatch, twat rug, undergrowth, velcro love triangle, etc

割れ目 = all pink on the inside, axe wound, Berkshire Hunt, box, chuff, Cock Inn, crack, cunny, **C**T**, c-word, fish-box, flange, fuck-hole, gash, gasp and grunt, Great Divide, hirsute oyster, hole, honey pot, love canal, man-hole, much-traveled highway, orgasm chasm, passion hole, phallic haven, pink surprise, quim, slash, slit, **snatch**, sperm-canal, split kipper, squelchy monkey, stinkpit, toolbox, tunnel of love, twot, upright grin, **vag**, etc

愛液 = love juices, etc

胸 = air bags, appurtenances, assets, **baps**, beauties, **beauts**, bikini fillers, **boobs**, **bosoms**, Brad Pitts, Bristol Cities, **bristols**, British Standard Handfuls, buns, bust, charlies, charmers, chubs, chumbawumbas, fuck udders, fun bags, handwarmers, hooters, **jubblies**, **jugs**, **knockers**, **mammaries**, memories, nice handfuls, peach of a pair, peaches, personalities, perkies, pointers, saggers, **set of jugs**, swingers, **tits**, etc

乳首 = **bee stings**, brown eyes, cherries, docker's thumbs, kitten's noses, **nips**, nubs, pygmies' cocks, rasberry ripple, raspberries, yummies, etc.

ペチャパイ = B-cups, **bee stings**, buds, chicken-breasted, Dutch Alps, egg cups, **flat as a board (or pancake)**, **flatchested**, ironing board, **mosquito bites**, pancakes, peanuts, pimples, two raisins on a bread board, etc

巨乳 = **balloons**, **bazonkers**, bazookas, bazooms, berthas, boobiferous , boulders, bouncers, bra-busters, busty, buxom, chesty, **coconuts**, double D's, droopers, floppy tits, **gazongas**, Hindenburgs, howitzers, jumbos, loaded, massive mammaries, **melons**, mount everests, of classic proportions, pendulant breasts, shoulder boulders, stacked, stonkers, top-heavy, torpedoes, warheads, watermelons, **whoppers**, etc

肛門 = **arse-hole**, backdoor, **back passage**, batty-hole, behind, blind eye, blurter, bottom, Bournville Boulevard, brown eye, **bum**, bumhole, Cadbury cul-de-sac, chocolate highway, council gritter, crapper, dirt box, farthole, fudge tunnel, Gary Glitter, jacksie, marmite motorway, muck spreader, pooh chute, **rear**, rear entrance, rear entry, **ringpiece**, road less travelled, **shit-hole**, trademan's entrance, wind tunnel, where the sun doesn't shine, wrong door, etc

おしり = aris, **arse**, **beautocks**, beauts, **behind**, botty, **bum**, **buttocks**, **cheeks**, **crack**, derriere, Khyber pass, moon, posterior rump, wide load, etc

生理 = Arsenal's playing at home, aunty's round, **be on the rag**, chase the cotton mouse, **the curse**, decorators are in, fly the red flag, flying the Japanese flag, grandma is visiting, have the curse, have the painters in, having my monthlies, looks like a wet weekend, monthlies, monthly rag, my period, note from my mother, on the blob, on the jamrag, **on the rag**, **period**, rag time, **time of the month**, **wrong time of the month**, etc.

妊娠 = **about to drop**, **banged up**, be in a delicate condition, **be in a family way**, be knocked up, **bun in the oven**, eating for two, get (someone) in trouble, have a baby on the way, **have a bun in the oven**, have another on the way, in a/the family way, **in the club**, in trouble, **knocked up**, **preggers**, six months gone, **up the duff**, up the poke, up the pole, up the spout, **up the stick**, etc.

英語でのセックスの仕方

妊娠する = fix someone up, get someone in trouble, get with child, **knock up**, put a bun in the oven

その他

絶頂 = big O, blow off, bring off, **climax**, coital climax ,coital orgasm, **come**, come off, the earth moved, explode, have an orgasm, pop one's cork, reach a climax, satisfy oneself, self-gratification, shoot off (男性), spend, stand up and shout (女性)

性欲 = **ache for**, all hot and bothered, **all worked up**, **aroused**, bursting, cream one's knickers, dripping for it, drool over, **have a hard-on for someone**, **have the hots**, have the urge to merge, hot and bothered, letch after, lust after, ready for action, **turned on**, **wet**, wet and willing, etc

性交 = a bit of beef,a bit of bouncy-bouncy, a bit of crumpet, a bit of fun, **a bit of how's yer father**, **a bit of nookey**, a bit of rough, a bit of rumpy-pumpy, **a bit of the other**, a bit of the old in and out, a little game of hide-the-sausage, all the way, amorous congress, assault with a friendly weapon, **bang**, beef injection, belly slapping, between the sheets, bit of nookey, bit of the other, boff, boning, **bonking**, courtesy fuck, dip the wick, **do it**, do the deed, do the dirty, exchange bodily fluids, exchange DNA, exercise one's marital rights, exercise the ferret, fool around (with), **fuck one's brains out**, **fuck**, **get a leg over**, get between the sheets with, **get into bed with**, **get into her pants**, **get laid**, get lucky, **get off with**, **get ones end away**, **get ones leg over**, get some pussy, **give her / him one**, give it to (someone), **go all the way**, go the whole way,

go to bed with, have a bit of fluff, **have a fuck**, **have a jump with**, **have a poke**, **have a ride**, **have a shag**, **have it away with**, **have it off**, have ones way with, hump, in-and-out, interior decorating, jiggery pokery, know someone in the Biblical sense, laid, **make love**, **make love to**, **make love with**, mess around with, monkey business, the old one two, old slap and tickle, on the job, the other, **poke**, ride, roger, **rumpy-pumpy**, score between the posts, score with, **screw**, **screw the arse off**, **shaft**, shafting, **shag**, shagging, slap'n tickle, **sleep with**, slip her a length, **slip her one**, spend the night with, what Eve did with Adam, **you-know-what**, etc

アナルセックス = 66, 99, **anal intercourse**, **anal sex**, back scuttle, backgammon, batter the sausage, **bend someone over**, brown eye, **bugger**, buggery, bum fiddle, **bum-fuck**, **bumming**, cottaging, do it the Greek way, drilling for marmite, drop the soap, fishing for brown trout, fudge packing, play leapfrog, popping it in the toaster, **rear entry**, shit stabbing, sodomy, stir someone's chocolate, **take it up the arse**, **up the bum**, etc

セックスアピール = come on, cute, erotic charm, have IT in a big way, it and more, **horny**, magnetism, oomph, **pull**, **sex appeal**, that certain somethingwhat it takes, etc

裸 = Adams PJ's, as God made one, bare-arse (ed), be in a state of undress, **birthday suit**, **full monty**, in the altogether, in the buff, in the noodie, in the nude, in the raw, **naked**, naked as the day someone was born, **stark bollock naked**, **starkers**, wearing nothing but a smile, **without a stitch (on)**, etc

自慰 = abuse oneself, be your own best friend, bring oneself off, clap with one hand, **DIY (do it yourself)**, engaging in safe sex, **fiddle with oneself**, frigging, getting to know yourself, going blind, having sex with someone you love, ménage à un, play solitaire, **playing with oneself**, **wank (wanking)**

男性の自慰 = bashing the bishop, Barclay's bank, buffing the helmet, burping the worm, charming the snake, choke the bad guy, coming to grips with yourself, five-knuckle Olympics, flog a dead horse, freeing Willy, getting your palm read, give oneself a handjob, giving it a tug, **hand relief**, have a date with a handkerchief, **have a wank**, holding your sausage hostage, **jacking (off)**, **jerking off**, jerking the gherkin, making love with Miss Right, minding my own business, paint the ceiling, **play pocket billiards**, **play with oneself**, shake hands with the wife's best friend, take matters into your own hands, **tossing off**, turning Japanese, **wacking off**, walking the dog, **wanking (off)**, **yanking off**

女性の自慰 = best orgasm you'll ever get, candlesticking, feeding the bearded clam, finger, finger fondue, finger fuck, flicking the bean, **frigging**, fucking without complications, grease the dildo, polishing the pearl, rub-a-dub, sushi party

愛の言葉 = **crush**, **fall for**, **fall in love**, **fancy**, fling, gaga, **in love**, infatuation, **love affair**, love at first sight, **love life**, love-hate, lover, **lust**, **Platonic love**, **soft spot**, something between them, **true love**, etc

最愛の人 = apple of one's eye, beloved, **boyfriend**, dear, **darling**, flame, **girlfriend**, heart's desire, heartthrob, **honey**, light of one's life, lover, old flame, steady (date), sweetheart, sweetie, sweetie pie, true love, etc.

キス = exchange spit/saliva, French kiss, give tonsil-lectomy, hit and miss, kiss-kiss, lock lips, neck, plant a big one, smack, **snog**, **suck face**, tongue kissing, etc

キスの種類 = butterfly, deep kiss, French kiss, peck, smacker, snog, tongue sushi, wet kiss, **wet one**, etc

夫 = **better half**, **breadwinner**, ex, foot warmer, head of the house, **henpecked**, His Lordship, **hubby**, lifer, lord and master, man of the house, meal ticket, old man, **other half**, partner, etc

妻 = awful-wedded wife, ball and chain, bitter half, dead weight, dough-beater, **her indoors**, joy of my life, lady wife, **missis / missus**, nag, old lady, private property, slave driver, **trouble and strife**, etc

女好き = Casanova, **God's gift to women**, lady-killer, playboy, **popular with the ladies**, **Romeo**, smooth operator, **smoothie**, etc

男好き = **babe**, bed hopper, bicycle, bike, bimbette, bimbo, bit of fluff, **bit of stuff**, ceiling inspector, charity girl, crumpet, cum-freak, dead cert, dead easy, dirt bag, easy lay, easy ride, flapper, floozy , goer, good sport, have more pricks than a second-hand dart-board, hot lay, nymph(o), office bike, piece of skirt, screw, scrubber, shag-bag, shagnasty, slag, slapper, sleaze, slut, **tart**, tramp, trash, village bicycle, yo-yo knickers, etc

初めてのセックス = break and enter, break her in, defile, **deflower**, **lose one's cherry**, etc

排泄 = **answer the call of nature**, big one, **bowel movement**, cack, call of nature, choke a darkie, **crap**, do a do-do, do one's business, drop a/one's load, drop a turd, dump a load, **dump**, excuse oneself from the table, make a phone call, **number two**, poo-poo, **pooh**, poop, powder one's nose, relieve oneself, ride the porcelain bus, see a man about a dog, **take a crap**, **take a dump**, whoopsie, etc

排尿 = **bleed the lizard**, diddle, **empty one's bladder**, **have a leak**, **have a slash**, have Chinese singing lessons, hit and miss, Jimmy Riddle, make a piss stop, **number one**, pass water, pay a visit, pee, pee-pee, piddle, **piss**, shake hands with the unemployed, **slash**, splash (one's boots), **syphon the python**, **take a leak**, **take a piss**, tiddle, tinkle, **waz**, wee, wee-wee, **widdle**, etc

クンニリングス = **69**, bikini burger, **blow (job)**, carpet munching, clam diving, cunning linguistics, donning the beard, drinking from the furry cup, eat muff pie, eat pussy, give a blow job, **give head**, go for sushi, **go down on**, lip reading, lip service,

muff diving, sea food dinner, speak in tongues, tongue-fuck, tongue sushi, tongue wash, tonguing, etc

フェラチオ = **blow job**, deep-throat, eat cock, eat meat, get a facial, get blown, get down on one's knees, give a blow job, **give head**, **go down on**, mouth fuck, **oral sex**, skull fuck, suck off, suck head, tickle the tonsils, zipper dinner, etc

肛門なめ = bum-licking, **ream**, **rim**, tonguing the hole, etc

コンドーム = balloon, cock sock, come balloon, condominium, diaphragm, doodah, English overcoat, **French letter**, **Johnny**, life saver, love glove, **protection**, **rubber Johnny**, wetsuit, etc

売春宿 = **brothel**, hooker shop, house of pleasure, **knocking-shop**, **whorehouse**, etc

娼婦 = business girl, **hooer**, **hooker**, **lady of the night**, night-walker, piece of trade, **pro**, professional woman, **prossie**, street worker, **strumpet**, **whore**, etc

性病 = **VD**, **clap**, crabs, crotch rot, **a dose**, gonorrhea, gon, got something, jungle rot, pox, sif, scabies, social disease, etc

便利な尻絵文字
普通尻（_!_）大きい尻（__!__）小さい尻（!）痛い尻（_*_）締まりのない尻（_o_）

著者紹介

カール・R・トゥーヒグ (Karl R. Twohig)

1964 年キプロス島で生まれ、5 才までドイツで生活した後、イギリス東部のリンカンシャーで育った英国人。ダラム大学動物学専攻。ロンドンで 5 年間税理士として勤労した後、1992 年より日本在住。ロンドンスクールオブジャーナリズムの英語とジャーナリズムの資格を持つ。2 つの高校で教鞭をとりながらも、Star Kids English School 校長を務める。2002 年より Headline News というインターネットを利用した時事英語コースを始める（問い合わせ： ideasjpn@zab.att.ne.jp）。前著に「CD BOOK イギリス英語 Total Book」（ベレ出版）がある。

翻訳・近藤大樹（こんどう　ひろき）

1973 年生まれ。青山学院大学英米文学科卒。カルフォルニア大学アーヴァイン校に留学。幼児英語教育から英語資格試験指導まで広く従事。現在高等学校英語科教諭。

翻訳協力：森田ハルミ（もりたはるみ）フリーランス翻訳者。
A special thanks to Kaori Atsumi, Mr. Kaji and Mr. Kajiwara.

CD BOOK イギリス日常英会話 Total Book

2002 年 5 月 25 日	初版発行
2003 年 7 月　4 日	第 6 刷発行

著者	カール R トゥーヒグ
カバーデザイン	寺井 恵司
DTP	WAVE 清水康広

©Karl R Twohig 2002. Printed in Japan

発行者	内田　眞吾
発行・発売	ベレ出版 〒 162-0832 東京都新宿区岩戸町 12 レベッカビル TEL.03-5225-4790 FAX.03-5225-4795 振替 00180-7-104058
印刷	三松堂印刷株式会社
製本	根本製本株式会社

落丁本・乱丁本は小社編集部あてにお送りください。送料小社負担にてお取り替えします。

ISBN 4-939076-95-4 C2082　　　　　　　　編集担当　新谷友佳子